살림학 얼과 길

살리함 얼과길

하늘 땅 사람 더불어 사는 살림길 평화살이

철호

밝은봄

살림길

새 길을 걸었습니다.
쉴 생각이 들지 않아 계속 걸었습니다.
간혹 쉬고 싶어도 마땅히 쉴 곳이 없어
힘들지 않게 계속 걸었습니다.

걷다 보니 걷는 게 쉼이 되었습니다.
걸음과 쉼이 하나임을 알아차리니
작은 쉼터가 생겼습니다.

쉼터의 평화로운 숨결 속에서 깨달았습니다.
함께 나선 길,
혼자 남은 것 같았는데,
많은 길벗들이 함께 걸었음을.

햇살과 그늘을 함께 누리는 쉼터는
서로 살리는 살림터가 되었습니다.

때로는 어리석고 어두워져
살림길답게 걷지 못했습니다.
거친 길을 지날 때 힘이 되었던 기질이
고요한 길을 지나는 길벗에게 가시가 되기도 합니다.

눈물과 사랑으로 일깨우고
생기 일으키는 길벗이 있어 걸을 수 있습니다.

함께 걷는 길은 홀로 걷는 길입니다.
홀로 잘 걷는 것은 함께 걷는 것입니다.
체념하고 포기하지 않으면,
홀로 걷는 길이 함께 걷는 길이 됩니다.

얼 밝히는 길,
사랑으로 걷는 길,
평화 일구고 나누며 걷는 길,
신명나게 잘 걷는 벗님들 고맙습니다.

얼빠진 인류로 인해 신음하는 온생명이
원통함을 위로받고 회복되는 평화 누리길 빕니다.
살림길 함께 걷는 길벗들,
책으로 만날 벗님들,
깨어 있는 평화 신명나게 누리길 응원합니다.

싣는 순서

살림길 4

1장 | 살림학: 살림길 평화살이 13
    1. 살림, 삶, 사람(얼나)
    2. 살림생태계 만들기
    3. 살림꾼, 살림주체, 유기적 지식인
    4. 학문하기

2장 | 삶과 관념의 되먹임(순환) 21
    1. 추상과 일반화
    2. 살아 꿈틀거리는 관념
    3. 해석과 창조

3장 | 하늘 땅 사람 온생명 더불어 사는 삶의 길 26
    1. 하늘 땅 만물 생성변화, 음양(陰陽) 태극(太極)과 상보성
    2. 있음과 없음, 앎과 모름, 불연기연(不然基然)
    3. 하늘 땅 사람
    4. 생명사건
    5. 주체작용과 창조성
    6. 밥, 생명을 살리는 생명의 되먹임
    7. 양생(養生)의 길
    8. 더불어 사는 생명의 덕(德), 겸애(兼愛)

4장 | 삶에 뿌리내린 통전학문 45

    1. 삶과 분과학문

    2. 삶에서 뿌리 뽑힌 분절된 관념과 학문의 폭력성

    3. 진리욕망과 진리효과

5장 | 문명전환, 죽임문명에서 살림문명으로 58

    1. 전환사건의 특징

    2. 탈주와 생성

    3. 현실문제와 근본문제

6장 | 새로운 살림주체, '장(場)/사이(間) 주체' 71

    1. 분절적 사고와 개체화 속에 작동하는 지배작용

    2. '장(場)/사이(間) 주체'

    3. 변혁적 실천과 수행하는 삶

7장 | 생명살림의 근본 관계망, 살림생태계　79

1. 살림살이, 하늘땅살이
2. 생체권력과 생태백신
3. 한몸살이, 두레, 울력, 품앗이
4. 마을살이

8장 | 생명살림터(마을)를 파괴하는 반생명문화　86

1. 살림터(마을)가 깨진 분절된 삶과 상품화
2. 조작된 욕망과 조장된 불안
3. 가족이기주의와 집단이기심
4. 이웃을 내 몸처럼 사랑하기, 인(仁)과 겸애(兼愛)의 실천적 차이
5. 나라와 국가체제
6. 국가주의

9장 | 새로운 삶의 길에 작동하는 힘, 가로막는 힘　103

1. 혼재된 힘, 새 삶을 살게 하는 새로운 구심력
2. 자본증식을 위한 물살(月殺), 개별화된 소비대중, 자유의 개성
3. 새로운 삶을 가로막는 힘, 통념적 사고방식과 정서
4. 혈연, 이윤을 넘어 하늘 땅 사람 서로 살리는 관계의 힘으로

10장 | 백성의 주체역량에 뿌리내린 마을/살림생태계 119

1. 생명살림터 마을, 가족 마을 나라 지구로 이어지는 살림생태계
2. 관의 정책상품화된 마을, 생기 없는 통념적 실천방식
3. 백성의 주체역량, 깨어 있는 백성의 조직된 힘
4. 자치 자족 자립하는 마을들의 자율적 연대, 마을/살림생태계

11장 | 살림문명 일구는 살림꾼들의 신명잔치 129

1. 지속가능한 삶과 실천, 분과적 실천을 넘어 살림생태계로
2. 살림꾼들의 놀이터, 살림학연구소
3. 살림길 평화살이하는 대동세상에서 벌이는 신명잔치

생명 움틔우는 씨앗 모시며

흙에서 들려 오는 봄 기운 느끼며 ──────────────── 삼일학림

◐ **일러두기**

이 글은 지난 33년간 농촌과 도시에서 생명살림터인 마을을 일구며, 생명을 살리고 평화 일구는 삶을 살아온 살림꾼들의 삶을 토대로 쓴 것이다. 강원도 홍천과 서울 인수마을, 경기도 군포와 양평, 부산 경남 등 이 땅 곳곳에서 생명살림터를 일구며 사는 길벗들의 삶이다. 생명살림과 평화를 증언하고 염원하는 1,000일 순례길에서 만난 지구 곳곳의 살림길벗들이 살아온 삶의 지혜와도 맞닿아 있다.

살림학연구소 세움잔치에서 발표한 세움 글이 씨앗이 되었다. 안동대 민속학연구소 학술잔치에서 1차로 다듬어 발표했고, 이후 민속학연구소와 살림학연구소가 공동 주최한 토론회 주제발표 글로 다시 다듬어 썼다. 이번에 책을 만들면서 이전 발표 글들의 논지를 살리되 전체 내용을 새로 쓰고 틀거리도 새로운 내용에 맞게 새롭게 했다.

1장 | 살림학: 살림길 평화살이

1. 살림, 삶, 사람(얼나)

살림학은 하늘 땅 사람 서로 살리고 평화 일구는 삶을 함께 실천하고 연구하는 운동이다.[1] 살림 길(道)을 따라 평화 일구는 '살림길 평화살이'다. 살림과 평화 문명을 일구는 운동이다.

살림은 생명살림, 살림살이다. 살림, 사람, 삶은 모두 생명살림, 살림살이라는 뜻을 담은 말이다. '살림'은 생명을 살리는 실천(살림살이)을 말하고, 살리는 실천을 하는 주체를 '사람'이라 한다. 사람이 생

---

[1] 살림학은 이 땅 곳곳에서 생명살림터(마을)를 일구는 살림꾼들이 생명을 살리는 살림길 걸으며 평화살이하는 삶을 토대로 한다. 다양한 살림터의 길벗들이 함께 공부하며 하늘 땅 사람 더불어 사는 얼을 밝히고, 함께 묻고 실천하며 걸어간 살림길에 찍힌 발걸음이다. 이 글에서 다루는 관념들은 살림길을 헤쳐 나갈 때 바람과 햇살, 별빛과 샘물이 되어 주었다. 살림길 걷는 삶에서 새 삶을 해석하고 설명할 관념을 스스로 만들기도 하고, 다른 시공간이지만 같은 삶의 문제의식에서 생성된 관념을 우리 삶으로 불러 되살리기도 한다. 그 관념들이 다시 더 나은 삶을 추동하며 삶과 관념의 되먹임(순환)이 이루어진다. 이 글에 나오는 사람들은 시간과 공간을 넘어 살림길에서 만난 소중한 길벗들이다. 살림학은 늘 생성변화하는 살림길에서 새롭게 만나게 될 과제와 관념들, 길벗들을 통해 삶의 깨달음을 체화시키며 살림길 곳곳에서 새롭게 써갈 것이다.

명을 살리며 사는 것, 살림살이를 '삶'이라 한다. 생명은 늘 다른 생명의 살림살이 덕에 산다. 동시에 다른 생명을 살리며 산다.

살림학은 생명을 살리는 참사람됨, '얼나'를 회복하고 실천하는 운동이다. 얼나는 '얼이 밝게 깨어 있는 나'를 뜻한다. 얼은 사람이 하늘 땅 관계 속에서 사람답게 살게 하는 생명의 힘이다. 생명을 살리는 참사람됨의 본분을 깨닫고 실천하게 하는 힘이다. 얼은 고유한 생명의 동일성과 특이성을 동시에 품으며 이를 실현시키는 생명력이 응축된 '알'과 같은 말이다. 정(精)과 신(神)을 합친 정신과 비슷한 뜻이면서, 더 넓게 사용되는 아름답고 힘이 있는 말이다. 이 땅 현대사의 새벽길을 걸었던 창조적 사상가와 역사가로 대표되는 단재 신채호의 역사의식과 다석 유영모의 사상에서도 가장 중요한 말로 사용된다. '얼빠졌다'는 말은 정신이 어두워져 주체로서 깨어 있지 못한 상태를 뜻하는 것으로 일상생활에서도 매우 중요한 의미로 쓰인다.[2]

---

2 단재는 나라 잃은 암울한 현실에서 한 치의 타협 없는 정직함으로 지조 있는 삶을 살며 치밀한 역사연구와 해방운동을 실천했던 역사가이자 실천가다. 조선의 중화 사대주의와 일제에 의해 철저하게 왜곡된 이 땅 고대사를 복원하고, 해방 후 이 땅의 역사가 어떤 역사의식으로 이어져야 할 것인지를 처절한 마음으로 밝혔다. 다석은 일제 해방운동기에 독립정신을 일깨운 오산학교의 교장이었다. 당시 오산학교에 입학한 함석헌의 스승이었다. 전쟁 고아들을 돌보고 함께 살며 수도적 삶을 실천했던 이현필의 동광원에서 해마다 함께하며 공부를 인도했다. 2008년 세계철학자 대회에서 20세기 한국을 대표하는 철학자로 선정된 창조적 사상가다.

다석은 하늘과 사람이 관계 맺는 존재론-인성론 맥락에서, 단재는 사회역사적 주체성의 맥락에서 얼을 강조했다. 일상적 맥락과 존재론, 사회역사적 맥락에서 함께 통용되는 매우 드물고 소중한 말이다.

학(學)은 삶이다. 배우는 삶이다. 생명을 살리는 지혜와 슬기를 배우고 실천하는 삶이다. 삶을 돌아보고 바라보고 내다보며 갈무리하고 잇는 실천이다. 관념을 따라 사는 것이 아니다. 삶이 관념을 생성하고, 여러 상징들을 활용해 삶을 풍성하게 드러내고, 그 관념이 더 잘 사는 삶을 추동한다. 삶터의 고유한 삶을 적절하게 표현하는 관념을 만들어 사용하기도 하고, 다양한 맥락에서 만들어진 관념들을 자기 삶터의 맥락에 맞게 활용한다. 그 과정 자체가 관념을 삶으로 재의미화하는 과정이 된다. 삶은 때로는 관념으로, 때로는 소리와 그림으로, 때로는 놀이로, 때로는 생활양식과 문화로 표현된다. 이런 다양한 표현들이 함께 어우러져 삶의 잔치가 되고, 더 나은 삶을 추동하는 신명을 일으킨다. 삶을 연구하는 것은 이런 놀이, 잔치에서 함께 노는 것이다.

2. 살림생태계 만들기

살림학은 더불어 사는 생활문화(두레 울력 품앗이)를 토대로 자치 자족 자립하는 생명살림터(마을)를 일구고, 마을들이 자율적으로 연대하는 마을생태계, 살림생태계를 만드는 운동이다. 먹고 입고 자고 놀고 일하는 일상생활, 결혼 임신출산 육아 교육, 농생활(農生活) 등 실제 삶의 현장에서 살림길 평화살이를 구현하는 생활양식을 만들고 실천한다.

마을은 하늘 땅이 어우러져 사람이 살기 좋은 기운을 생성하는 생명살림터다. 사람이 나고 살고 죽고 다시 사는 생명의 되먹임(순환)이 이루어지는 기본 생태 관계망이다. 제도적 획일성과 법적 규정성이 최소화되고, 다양한 생명의 고유한 특징이 약동하며 어우러지는 생명살림터다. 자치 자족 자립하는 마을들의 자율적인 연대가 살림과 평화의 생태계이며, 지구공동체를 살리고 보존하는 살림길이다.

3. 살림꾼, 살림주체, 유기적 지식인

살림학은 살림길 함께 걸으며 배우고 익히고 깨달은 바를 살림꾼(살림주체)들이 스스로 증언 해석하고 소통하는 운동이다. 살림학은 '생명살림하는 삶'에 뿌리 두고 이론적 실천을 수행하는 사람을 살림꾼이라 한다. 생명살림하는 삶이란 집안 살림(육아, 돌봄), 논밭뫼 살림(하늘땅살이), 밥상살림, 배우고 가르치는 교육현장에서 생명살림, 다양한 돌봄과 노동을 통해 생명살림하는 삶 등을 일컫는다.

　삶에 뿌리내리지 못한 관념, 자기 삶을 설명하지 못하고 더 나은 삶으로 추동하지 못하는 관념과 지식문화를 경계한다. 삶에서 괴리된 관념의 화려함과 정교함은 정신의 사치이며, 인류가 오랫동안 앓고 있는 반생명문명의 질병을 만드는 주요 원인이다. 살아 꿈틀거리는 삶에 뿌리내리지 못하면, 관념의 화려한 꾸밈에 쉽게 현혹된다. 살림학은 지식문화에 넓게 퍼져 있는 허상과 사대성을 넘어,

살림살이 주체들이 스스로 새 세상을 말하고 실천하는 운동이다.

관념(이론)이 삶(실천)을 규정하여 재단하고, 이성이 삶을 계몽하려는 것은 지식문화에 넓게 퍼진 오래된 버릇이다. 이론이 실천에 방향을 잡아 주는 특정한 때와 맥락이 있지만, 그 제한적이고 방편적인 의미를 넘어 이론이 실천보다 우위에 서서 삶을 재단하고 이끌려고 하는 것은 인류역사에 뿌리 깊게 작동하는 관념의 오만이다. 삶과 관념의 괴리를 일상화시킨 착각이다. 삶의 한 요소인 관념, 이성, 이론이 삶을 규정하고 관장한다는 발상 자체가 삶을 훼손하는 출발점이 될 수밖에 없다.

살림학은 삶을 훼손시킬 수밖에 없는 생각과 이론, 죽임의 문명에 물든 관습과 생활양식을 생명살림과 평화의 가치질서로 전환한다. 살림과 평화 일구는 삶을 해석하고 소통하는 새로운 관념(이론)을 창조하는 이론적 실천, 실천적 이론 운동이다. 삶과 관념의 순환을 지속하는 '유기적 지식인'으로서 생활학문을 실천한다.

관념을 생산 소통하는 일이 특정한 이들(지식인)의 전유물이 되면, 삶에서 괴리된 관념이 많아지고 이를 다루는 지식인도 쉽게 삶에서 괴리된다. 그러면 삶에 뿌리내린 자생력을 잃어 권력의 지배작용을 위한 도구로 쉽게 길들여진다. 인류의 지식문화가 지배문화의 도구가 되어 온 중요한 이유다. 그람시는 권력 지배의 도구가 된 '전통적 지식인'의 현실을 분석 비판하고, 새로운 '유기적 지식인'의 모습을 제시했다. 유산계급의 이해관계를 대변하는 '전통적 지식인'과

달리, '유기적 지식인'은 무산계급의 계급적 이해관계를 위해 지식운동을 펼치는 지식인이라는 것이다. 사르트르도 지배의 도구가 된 전통적 지식인을 비판하고, 지배와 소외에 저항하는 이들의 소리를 대변하는 지식인의 역할을 강조했다. 둘 다 지식을 삶(실천)과 연관해 사유했다는 점에서 중요한 의미를 갖는다.

사르트르가 제시하는 지식인 이론은 시혜적인 성격이 강하지만, 전통적 의미의 지식인들이 지배의 도구로 사는 삶에서 벗어나 소외되고 억압당하는 이들을 대변하고 함께 실천하는 지식인으로 전환하는 데 크게 기여했다. 그람시의 '유기적 지식인'도 시혜적 성격이 있지만, 지식인과 비지식인의 경계를 해체하고 이론과 실천을 유기적으로 사유함으로써, 모든 사람이 자기 삶을 스스로 해석하고 증언할 수 있는 가능성을 담고 있다는 점에서 매우 중요한 의미가 있다. 하지만 유기성과 이론적 실천을 계급관계로 좁게 이해한 것은 이념전쟁과 냉전이라는 시대적 한계가 낳은 결과다.

유기성을 더 넓고 적극적으로 사유하는 것이 필요하다. 우선 계급이라는 문제설정을 넘어 살림살이 자체로 더 넓게 사유하는 것이다. 삶의 특정한(정치경제적) 영역만이 아니라 살림살이라는 삶의 통전적 기반에서 삶을 이해하고 더 나은 삶을 추동하는 이론적 실천을 수행하는 것이 진정한 의미의 유기적 지식인이다. 또한 주체생성 자체에서도 유기적 관계성을 일관되게 가져가는 것이 필요하다. 새로운 주체성은 생명살림이 이루어지는 유기적 관계성, 생명살림터라는 장(場)을 통해 생성되는 주체다. 이 문제는 새로운 살림주체,

'장(場)/사이(間) 주체'를 논하는 6장에서 자세히 다룰 것이다. 살림학은 살림살이에 뿌리내린 이러한 유기적 지식인을 '살림꾼'이라 한다. 살림꾼은 생명살림터(場)에서 생성되고, 살림살이에 뿌리내린 유기적 실천을 통해, 살림터를 새롭게 만드는 살림주체다.

4. 학문하기

살림학은 지식문화의 오래된 어리석음과 반복된 실패를 넘어, 삶이 관념을 길잡이하는 생활학문 운동이다. 삶이 관념을 이끄는 경우, 학문은 '학문하기'가 된다. 학문하기에서 어떤 말글, 관념의 뜻(의미)은 관념들의 조합과 문맥을 넘어 삶의 맥락에서 결정된다. 학문하기를 실천하는 주체의 삶을 통해 관념의 뜻이 생성된다. 관념이 삶에서 생성 소통되는 사건 자체가 또 다른 효과와 뜻을 발생시키기도 한다. 삶의 맥락에서 뜻을 갖게 된 관념은 삶을 통해 검증되고, 더 나은 삶을 추동하는 힘으로 작용한다.

'학문하기'는 삶 속에서 동(動)적으로 사유하는 것이다. 이는 세상을 생성변화라는 맥락에서 보는 데 적합하다. 명사적 사유는 세상을 정적인 맥락에서 보는 데 적합하다. 불변하고 영원한 형상(이데아), 리(理)를 중심으로 세상을 이해할 때는 명사적 사유가 도움이 되지만, 하늘 땅 만물을 끊임없이 생성변화하는 사건으로 이해하고, 역동적인 삶(사건)을 사유하는 데는 동적 사유가 더 적합하다.

삶은 동적/정적인 측면이 상보적으로 얽혀 있지만, 말글(언어) 자체가 정적인 특성을 지니기 때문에 동적인 측면을 더 적극적으로 사유하는 것이 필요하다.

이런 맥락에서 학문은 학문하기가 된다. 공동체라는 정적 말글을 '한몸살이'라는 더 동적인 느낌을 주는 말글로 바꾸어 쓴다. 공동체라는 표현은 그것이 담고 있는 역동적 특이성을 살리기 어렵지만, 한몸살이라는 표현은 '한몸'(공동체)이라는 의미와 함께 '살이'라는 역동성을 동시에 담을 수 있는 말글이다. 철학(哲學)을 '밝은 학문'이 아니라 '밝히는 학문', '얼 밝히기'라고 한다. 같은 맥락에서 살림살이, 하늘땅살이, 두레살이, 마을살이, 평화살이 등의 말글을 사용한다.

2장 | 삶과 관념의 되먹임(순환)

1. 추상과 일반화

모든 관념(말글/상징)은 삶에서 생성되어 추상되고 일반화된 것이다. 추상과 일반화 작업은 삶과 문명의 도약을 위한 통찰력과 효율성을 증진시키는 이성의 정교하고 신비로운 능력이다. 그러나 이런 유익에도 불구하고 추상과 일반화 작업은 엄연히 실제 삶에서 잠시 벗어나는 것이다. 특정한 맥락에서 방편적으로 설정된 것이다. 따라서 추상과 일반화의 결과물인 관념은 삶에서 늘 미끄러진다. 추상의 결과물인 관념을 삶의 실제와 혼동해서는 안 된다.

  추상과 일반화 작업은 삶의 다질(多質)적 사태에서 일정한 동일성만을 뽑아내는 것이기에 필연적으로 분절과 배제 작용을 거치게 된다. 관념이 태생적으로 생동하는 삶을 온전히 담을 수 없는 이유다. 도덕경은 이런 맥락에서 도(道)를 도라고 하면 이미 그러한 도가 아니며, 이름을 붙이면 이미 그러한 이름이 아니라 했다. 도는 규정할 수 없는 것이라는 의미뿐 아니라, 관념(말글) 자체가 삶을 온전히 표현할 수 없다는 태생적 한계를 명확히 밝힌 깨달음이다(도가도 비상도 명가명 비상명 道可道 非常道 名可名 非常名, 도덕경).

이런 관념의 태생적 한계와 특이성을 잊어버리면, 관념을 실제 삶으로 착각하게 된다. 이런 착각이 이어지면, 관념에 끼워 맞추기 위해 삶(생명)을 훼손시킨다. 발을 깎아 신발에 맞추려 하고(삭족적리 削足適履, 회남자), 침대에 맞추어 몸을 자르려 한다(프로크루스테스의 침대). 생명에 대한 관념/지식의 폭력이 자연스럽게 이루어진다. 삶, 사람, 살림살이를 소외시키고 훼손하는 지식문화를 낳는 기본적인 사고방식이 된다. 역사 속에서 관념과 지식이 그토록 쉽게 생명과 자연을 훼손하고, 지배와 폭력의 도구가 되어 온 이유다.

2. 살아 꿈틀거리는 관념

추상된 말글은 때에 맞게 삶으로 돌아와 삶의 검증을 받아야 할 운명을 타고난다. 그러한 운명과 한계를 잊지 않을 때, 관념은 더 나은 삶을 추동하는 사명을 수행할 수 있다. 생명약동은 관념을 통해 새로운 삶과 문명을 향한 도약을 감행한다. 관념은 삶을 이해 해석하고 더 나은 삶을 추동하며 삶으로 돌아올 때 살아 있는 관념이 된다. 삶과 관념의 순환 속에서 생명약동은 삶에 새로움을 일으키고, 생명약동이 지닌 원초적 무질서는 관념의 모험을 통해 질서를 부여받는다. 삶과 관념의 순환 속에 새로운 삶과 문명을 창조하는 힘이 있다.

말글은 좁게는 문장의 맥락에서 그 뜻(의미)이 정해지지만, 넓게는 말글이 얽혀 있는 생활세계, 즉 삶의 맥락에서 그 뜻이 정해진다. 말글은 삶터의 다양한 생활문화와 영향을 주고받으며 서로 변화를 일으키는 놀이를 한다. 말글과 생활문화가 얽혀 있는 생활세계에서 이루어지는 말글의 놀이, 그 실천(쓰임) 속에서 말글의 뜻이 정해지고 변화한다.

특정한 사회적 관계의 생활세계에서 말글이 생성변화하고 뜻을 갖게 되는 과정이 곧 말글의 놀이다. 특정한 생활세계의 문화와 말글의 놀이에서 사회적 주체가 생성되고, 그렇게 생성된 주체는 또한 자기를 낳은 생활세계와 말글을 새롭게 변화시키는 놀이를 한다. 생활세계인 살림터는 말글과 생활문화, 사회적 주체가 서로 되먹임(순환)하며 생성변화하는 놀이터가 된다.[3]

3. 해석과 창조

사람은 말글(언어/상징/관념)을 통해 경험하고 인식하고 소통한다. 경험하고 인식한 것은 물리적 인과 속에서 그저 수용된 것이 아니라, 주체의 삶의 맥락과 느낌, 지향과 목적이 덧붙은 결과물이다. 주체의 해석작용이 내포된 것이다.

삶과 관념의 순환은 해석 과정에도 이어진다. 해석은 관념(작품)을 통해 만든 이의 뜻을 느끼고 읽는 작업인 동시에 의미를 새롭게 창조하는 사건이다. 작품에 담긴 의미를 찾아내고 재현하는 작업에 머무른다면, 단순히 과거를 반복하는 것이다. 해석이 반복과 재현에 머무르면 생기 있는 작업이 되기 어렵다. 반복과 재현이 지닌 고유한 가치가 있지만, 그 과정에서 새로움을 일으키지 못하는 것은 서서히 무료하게 죽어 가는 모습이다. 한때 생기 넘치던 삶과 문명이 과거에 갇혀 생기를 잃게 되는 중요한 원인이 된다.

해석은 만든 이의 삶의 지평과 해석하는 주체의 삶의 지평이 만나 서로의 삶에 새로움을 창조하는 사건이다. 해석이 곧 창조사건이

---

3 말글의 뜻(의미)이 어떻게 생성되는지를 연구하는 의미론은 크게 세 가지 방향으로 전개된다. 물리적 층위의 객관대상을 중시하여 지시대상에서 의미를 찾는 지시이론, 문화적 층위를 대변하는 언어구조에서 의미를 찾는 구조주의, 주체작용의 맥락을 중시하여 주체의 현시작용이 의미를 구성한다는 현상학적 의미론으로 구분된다. 각 의미론은 서로 충돌하는 입장 같지만, 실제 의미작용이 이루어지는 다양한 맥락 중 특정 맥락의 의미작용을 중심으로 설명한 것이다. 실제 삶에서는 세 가지 의미작용이 서로를 배척하기보다 동시에 또는 순환적으로 함께 이루어진다.

들뢰즈는 사건의 철학을 통해 다양한 의미론을 통전적으로 사유할 수 있는 의미론의 공통 기반을 제시한다. 의미는 사건의 계열을 통해 생성된다. 사건은 물리적인 사태와 문화적 사태가 접해 있다('형이상학적 표면', '전 개체적 비인칭적 장'). 이를 토대로 물리적 대상, 언어구조, 주체작용을 동시에 사유할 수 있는 의미론을 제시한다. 매우 낯선 관념과 복잡한 논리가 전개되지만, 결국 '삶'이라는 말로 수렴된다. 현시작용, 지시작용, 구조작용으로 분화된 의미론은 자연과 문화의 접면(사건), 즉 삶에 뿌리내린 사유 속에서 통전적으로 이해할 수 있다.

비트겐슈타인은 언어놀이(게임) 이론에서, 언어의 뜻(의미)은 그 언어가 쓰이는 놀이터(게임의 장)에서 사용되는 쓰임새(용법/실천)를 통해 생성된다고 밝혔다. 언어의 뜻은 책(텍스트)에 있지 않고 삶의 맥락(콘텍스트)에 있다. 언어, 물리적 대상, 주체작용이 통전적으로 얽힌 생활세계에서 의미가 규정되는 것이다. 때로는 지시작용의 쓰임으로, 때로는 현시작용, 때로는 구조작용의 쓰임으로도 작용한다. 어떤 의미론이 주도되는 맥락이라도 결국 그 쓰임(용법/실천)이 의미를 규정한다. 그러한 언어의 쓰임(실천)은 언어와 생활양식 등이 얽힌 생활세계라는 삶터, 언어놀이터에서 벌이는 언어놀이인 것이다.

된다. 주체의 삶의 맥락에서 새로운 의미가 창조된다. 또한 주체의 삶을 새롭게 하는 창조사건을 일으킨다. 그 창조의 힘은 해석자의 삶(현재)뿐 아니라, 만든 이(과거)까지도 새롭게 변화시키는 생명력이 된다. 생기 있는 관념은 경험, 인식, 해석 과정을 거치며 삶에 새로움을 도입하는 창조사건을 일으키고, 역사를 재구성해 내고, 더 나은 삶을 추동하는 힘이 된다. 이런 창조적 사건(삶) 속에서 인식주체와 대상, 과거와 현재, 물리적 인과와 생명의 약동은 서로 분절되지 않고 상호작용하며 생성변화한다.

3장 | 하늘 땅 사람 온생명 더불어 사는 삶의 길

1. 하늘 땅 만물 생성변화, 음양(陰陽) 태극(太極)과 상보성

하늘은 스스로 그러한(自然) 길(道)로서 만물 생성변화를 일으키는 생기(生氣)로 작용하고, 땅은 하늘을 본받아 약동하는 생기를 여러 모양으로 꼴 짓는다. 하늘과 땅의 기운이 어우러져 만물을 낳는다. 만물은 하늘 땅의 스스로 그러한 길을 따라 생성변화한다. 이를 두고 땅은 하늘을 본받고, 하늘은 도를 본받고, 스스로 그러한 길을 따라 만물이 생겨났다고 한다(지법천 천법도 도법자연 地法天 天法道 道法自然 … 도생일 일생이 이생삼 삼생만물 道生一 一生二 二生三 三生萬物, 도덕경).

하늘 땅 생성변화를 일으키는 힘은 서로 갈마들며 상호작용한다. 생성변화를 일으키는 이러한 힘(기氣)의 관계작용을 음양(陰陽)이라 한다. 음양이 모두 기의 작용이므로 음기(陰氣), 양기(陽氣)라고 한다. 하늘 땅 만물 생성변화를 일으키는 힘이 음양으로 서로 갈마들며 상호작용하는 사실을 두고, 도덕경은 스스로 그러한 길의 움직임은 돌아오는 것이라 했다(반자도지동 反者道之動, 도덕경). 주역은 이를 두고, 한 번 음이 되고 한 번 양이 되는 것이 만물 생성변화의 길이라 했다(일음일양지위도 一陰一陽之謂道, 주역).

'생성변화를 일으키는 힘은 서로 갈마들며 상호작용한다'는 생각은 동서양을 막론하고 인류의 오랜된 깨달음 속에 공통된 생각이다. 음양으로 서로 갈마드는 힘의 상호작용, 개체성과 관계성의 역동적 중용, 입자(존재)와 파동(힘)의 상보성 등은 만물이 존재하는 방식이자 하늘 땅 생성변화, 사람과 사회현상을 통전적으로 이해하는 기본 인식틀이다.

동북아 철학과 문화는 수천 년 역사를 거치면서도 이러한 음양의 상호작용이라는 이해를 떠나지 않았지만, 서양에서는 탈레스로 대표되는 고대 자연 철학자들의 깨달음을 온전히 잇지 못했다. 헤라클레이토스처럼 생성변화를 중심에 두는 사유도 오랫동안 밀려나고, 파르메니데스와 플라톤의 영향으로 불변과 영원성을 중심에 두는 사고방식을 발전시켰다. 삶의 역동성을 추동했던 피타고라스 사상도 생성변화의 맥락은 배제되고 정적 측면만 계승되었다. 하늘 땅 사람을 하나의 실체와 생성변화 작용으로 이해한 스피노자의 철학도 온전히 계승되지 못했다. 정반합의 변증법 영감을 제시하고 발전시킨 피히테와 헤겔을 통해 생성변화와 상보성이 주목되었으나 절대자아, 절대정신 등 정신작용에 국한되는 한계가 있었다.

그러나 서양에서도 20세기 과학혁명을 이끈 양자역학을 통해 이러한 생성변화의 사유와 상보성이 정신맥락과 물질맥락을 막론하고 통전적인 설득력을 갖게 되었다. 화이트헤드는 존재 자체(실재)를 생성변화 과정으로 이해함으로써 양자역학이라는 새로운 자연과학이 토대할 수 있는 새로운 철학의 기반을 구축했다. 서로 갈마들며 상호작용하는 힘 작용에 대한 이해는 만물을 생성변화로 사유하는 데 가장 기본되는 깨달음이다. 양자역학의 설득력 있는 코펜하겐 해석을 이끈 닐스 보어는 매우 적극적으로 자신의 상보성원리, '대립적인 것은 상보적이다'라는 깨달음이 음양태극에서 영감받은 것이라 밝힌다.[4]

양(陽)은 하늘 작용, 볕, 해(日), 위, 밖, 파동, 발산하는 기운(氣運)을 상징한다. 음(陰)은 땅 작용, 그늘, 달(月), 아래, 안, 입자, 수렴하는 기운을 상징한다. 이처럼 음양(陰陽)은 '서로 대립되는 다른 성격의 힘/내용'을 표현하는 것으로 사용되기도 하지만, 주로 '생성변화를 일으키는 힘(기氣)의 관계작용'을 상징하는 표현으로 쓰인다. 이런 맥락에서 음양은 별개의 존재가 아니다. 수렴사건에도 수렴(음)과 발산(양)의 기운이 함께 작용하고, 발산사건에도 음양이 함께 작용한다. 물의 기운(水氣)을 음이라 하면 불의 기운(火氣)은 양이 되

---

4 닐스 보어는 가문의 문장에 태극도를 그려 넣었고, 노벨상을 받을 때도 음양팔괘가 그려진 옷을 입었을 정도로 음양태극론에 큰 영향을 받았다. 현대 디지털문화의 논리적 토대가 되는 라이프니츠의 이진법도 음양태극에서 영감을 받은 것이다. 라이프니츠는 유럽인 처음으로 주역을 해설하는 글을 쓰기도 했다. 칼 융, 아인슈타인, 스티븐 호킹 등 새로운 세계를 개척한 서양학자들은 음양태극론을 매우 중시했다. 현대물리학을 토대로 생명에 대한 새로운 사유('온생명')를 전개한 장회익도 현대물리학을 이해하는 새로운 사고틀로 음양태극(태극도설)을 강조한다.

는데, 물은 적시고 품는 기운(음) 안에 생명의 씨알(양)이 함께 있다. 불로 상징되는 심장(心臟)이 양이면 물로 상징되는 신장(腎臟)은 음이 되는데, 신장에는 신음(腎陰)과 신양(腎陽)이 함께 있다.

음과 양은 또한 서로 갈마들며 상호전화(相互轉化)하는 특징이 있다. 오름(양)이 다하면 내림(음)이 시작된다. 음이 가득 차면 양이 시작되고, 양이 가득 차면 음이 생긴다. 음기가 극한 동지(冬至)에 양기가 시작되고, 양기가 극한 하지(夏至)에 음기가 자란다. 액화작용(음) 하던 물이 어떤 조건 속에서는 기화작용(양)으로 전화된다. 양기인 목기(木氣)가 주체로 작용할 때 음기인 금기(金氣)가 객체로 함께 작용하며 반대 상황에서도 마찬가지로 상호전화한다. 음양은 늘 함께 작용하고 서로 갈마들며 생성변화한다.

생성변화 과정에도 음양은 늘 함께 있다는 사실을 뜻하는 상징이 태극(太極)이다. 태극은 음양 상호작용을 일으키는 근원적 힘을 상징한다(태극 동이생양 동극이정 정이생음 정극복동 太極 動而生陽 動極而靜 靜而生陰 靜極復動, 태극도설). 태극은 음양이 작용하기 전 음양을 품고 머물러 있는 상태를 뜻할 뿐 아니라, 음양이 상호작용하는 생성변화 속에서 조화와 균형을 일으키는 힘을 뜻하는 상징이다.

태극과 음양이라는 상징은 만물이 생성변화하는 과정으로 존재함을 강조하고, 이를 표현하기 위해 설정된 개념이다. 움직임(動)이 양(陽)일 때 고요함(靜)은 음(陰)이다. 음양이 상호작용하는 사태 자체를 움직임(動/陽)으로 본다면, 이와 짝하는 고요함(靜/陰)을 담보할 개념장치가 필요하다. 그것이 태극이다. 이렇게 해서 태극을 통해, 태극까지 포함해서, 생성변화를 일으키는 힘의 관계작용(음양)을 예외 없이 설명할 수 있게 된다. 태극은 만물 생성변화 이전의 순수형상(이데아)과 같은 성격에 한정되지 않고, 그것을 포함해서 철저하게 생성변화를 사유할 수 있게 하는 개념장치인 것이다.

2. 있음과 없음, 앎과 모름, 불연기연(不然基然)

만물은 땅과 하늘, 물과 불, 음과 양이 서로 갈마들며 생성변화하는 과정으로 드러난다. 이 길에서 없음과 있음은 서로 대립되는 것일 수 없다. 무(無)는 유(有)를 가능하게 하는 안감이다. 유는 무에서 생기고, 무는 유를 통해 작용한다(천하만물생어유 유생어무 天下萬物生於有 有生於無, 도덕경).

　　보이는 것은 보이지 않는 것들로 인하여 있고, 보이지 않는 것은 보이는 것을 통해 작동한다. 몸은 생기(生氣)가 형체를 갖고 드러난 것이고, 마음은 보이지 않는 작용이다. 몸과 마음은 서로를 있게 하고 변화하게 하며 서로 원인과 결과가 된다. 마음의 문제는 몸으로 드러나고, 몸의 문제는 마음을 상하게 한다. 보이지 않는 기(氣)가 보이는 혈(血)을 이끌고, 혈은 기를 있게 한다(기행즉혈행 기자혈지사 혈자기지모 氣行則血行 氣者血之帥 血者氣之母, 황제내경). 기(氣)는 보이는 정(精)과 보이지 않는 신(神)으로 상호작용하며, 사람의 형체와 오장육부 속에서 생기로 작용한다. 정, 기, 신은 모두 기의 작용이다(동의보감).

알 수 없는 것이 알 만한 것이 될 때, 앎이라는 사건은 알 수 없는 새로운 것을 일으킨다. 무언가를 알게 되면, 모를 때는 없었던 새로운 궁금함(모름)이 생긴다. 모를 때는 없었던 새로운 세계가 열리는 것이다. 앎과 모름은 인식과정에서 함께 일어나는 사건이고, 새로운 세계를 열어 가는 하나의 사건이 된다.

'너 자신을 알라'고 한 소크라테스의 말은 모른다는 사실을 아는 것이 참된 앎의 길이라는 것이다. 공자가 예(禮)를 묻는 것을 보고 비아냥거리던 이들에 대해 '묻는 것이 예'라고 한 것도 같은 맥락이다(매사문예야 每事問禮也, 논어). 원인을 모르던 것이 알 만한 것이 된다. 그렇다 할 수 없던 것(불연不然)이 그렇다(기연其然) 할 수 있는 것이 되는 동시에, 기연(그렇다)은 또다시 불연(그렇지 않다) 앞에 놓인다. 그러므로 삶은 기연으로 다 말할 수 없다. 불연이라고도 할 수 없다. 삶, 진리, 도, 자연, 신은 불연기연으로 드러난다(불연기연 不然其然, 동경대전).

3. 하늘 땅 사람

하늘과 땅이 만나 사람(생명)을 낳고, 하늘 땅 사람은 서로 살리며 산다. 하늘 숨(명命) 받아 흙으로 꼴 지어진 사람은 하늘 땅 사람(天地人) 하나된 생기로 약동하며 산다. 하늘 땅 사람은 '스스로 그러한(自然) 길(道)' 속의 한 계기로서 서로 이어져 있기에, 사람은 하늘 땅의 스스로 그러한 길을 따라 사는 존재다. 이를 두고 사람은 땅을 본받고, 땅은 하늘을 본받고, 하늘은 스스로 그러한 길을 따른다고 했다(인법지 지법천 천법도 도법자연 人法地 地法天 天法道 道法自然, 도덕경).[5]

하늘 땅 사람이 생성변화하며 서로 살리는 길(이치)을 깨닫고 그 길을 따라 사는 것을 무위(無爲)라 한다. 무위는 만물 생성변화를 일으키는 '스스로 그러한 길'을 따르는 것이기에 무위로 이루지 못할 것이 없다고 한다(위무위즉무불치 爲無爲則無不治, 도덕경). 스스로 그러한 길을 거스르는 인위(人爲)로는 일을 이루기 힘들다. 혹 이루

---

[5] 사람(人), 땅(地), 하늘(天), 길(道), 자연(自然)은 분절된 개체가 아니며, 위계적인 대상일 수도 없다. 중세 신학과 근대 인간중심주의의 폐해를 트라우마처럼 지닌 지식인들은 이를 위계적으로 해석해, 자연이나 도를 또 다른 최상의 존재처럼 규정하려는 경향이 있다. 최상의 존재로 설정한 자연을 중세의 신(하늘)이나 근대의 인간에 대립시켜 위계화하려 한다. 이는 중세와 근대가 범한 사고의 오류를 대상만 달리해서 반복하는 것이다. 이 과정에서 '물리적 자연'을 '스스로 그러한 길인 자연'과 혼동해서 사용한다.

스피노자는 이러한 혼란을 방지하면서 모든 생성변화를 일으키는 스스로 그러한 길로서의 자연을 강조하기 위해, 전자를 '산출되는 자연(물리적 자연)', 후자를 '생산하는 자연(스스로 그러한 힘으로서의 자연)'으로 구분해서 개념화했다. '스스로 그러한 길인 자연'은 어떤 경우에도 규정되거나 개념에 갇히지 않는다. 그러니 도, 자연이라는 것은 다른 무엇과 비교해서 위계화할 수 있는 대상이 아니다(도가도 비상도 명가명 비상명 道可道 非常道 名可名 非常名, 도덕경).

어도 자기와 주변을 상하게 한다. 물길을 따르면 인위로 애써 하지 않아도 흘러간다.

하늘(天氣)은 생기로 작용하고, 땅(地氣)은 꼴 짓고, 두 기운이 어우러져 사람(人氣)을 낳는다. 하늘 땅 기운으로 생성된 사람이 자기를 낳은 하늘 땅을 새롭게 한다. 이것이 하늘 땅 사람 세 기운(天地人三才)으로 만물 생성변화를 이해하는 바탕이다.

하늘은 하나를 뜻하고, 땅은 둘이라는 말이고, 셋은 사람을 뜻하는 말이다. 하늘(한) 땅(둘)을 상징하는 음양(陰陽) 두 기운이 어우러지면 새로운 생기가 서고(셋), 새로운 생기가 만물을 새롭게 하는 변화를 일으킨다. 스스로 그러한 길은 하나를 낳고, 하나는 둘을 낳고, 둘은 셋을 낳고, 셋은 만물을 낳는다는 도덕경의 통찰은 이를 두고 한 말이다(도생일 일생이 이생삼 삼생만물 道生一 一生二 二生三 三生萬物, 도덕경). 만물 생성변화 원리를 81자로 간결하게 추상시켜 설명한 천부경도 동일한 깨달음을 밝힌다(일시무시일 석삼극무진본 一始無始一 析三極無盡本, 천부경).

하늘 땅 사람 세 기운으로 세상 만물의 생성변화를 사유하는 것은 인류의 오래된 공통 지혜다. 특히 동북아에서는 다양한 역사와 문화, 학문 속에서 지속적으로 이어져 지금까지도 일상 삶에 살아 있다. 인류는 동서양을 막론하고 생성변화를 일으키는 궁극적 힘/존재에 대한 경험을 셋하나로 형상화했다.

주역의 괘는 음양(陰陽) 두 기운의 상호작용을 하늘 땅 사람(天

地人) 셋하나의 원리로 구성한 것이다. 음양(陰陽, 둘)은 생성변화를 일으키는 힘의 상생상극하는 관계작용에 주목한 것이고, 하늘 땅 사람(天地人, 셋)은 음양 두 기운이 어우러져 일어나는 결과가 만들어 내는 새로운 작용까지를 표현한 것이다. 피타고라스에게 셋하나는 우주를 이해하는 신비로운 수리원리의 상징이다. 헬라철학은 예수사건을 삼위일체로 신학화했다. 환인 환웅 단군의 단군신화, 무극 태극 황극의 사유구조, 법신 보신 화신의 부처 이해, 변증법의 정반합, 정신분석학의 자아 초자아 거시기, 동의보감의 정기신(精氣神), 한글의 창제원리 등이 모두 셋하나 원리로 작용한다. 이처럼 존재와 인식을 생성변화로 이해하는 가장 기본적인 정신작용은 셋하나를 거쳐 작동한다.

4. 생명사건

스스로 그러한 길(道法自然)은 음양이 서로 갈마들며 끊임없이 생성변화한다(일음일양지위도 一陰一陽之謂道, 주역). 음양이 서로 갈마들며 돌아오는 것을 스스로 그러한 길의 움직임이라 한다(반자도지동 反者道之動, 도덕경). 그 속에서 일어난 모든 것은 고정되지 않고 잠시 있다 변하고 사라진다(제행무상 시생멸법 諸行無常 是生滅法, 대반열반경). 강한 인과의 그물 속에서 흘러간다(연기 緣起, 아함경).

　생명은 끊임없는 생명약동 속에서 그저 사라지는 것이 아니라 일정한 지속성을 지닌 채 살다 사라진다. 다른 무엇과도 바꿀 수 없는 고유성을 지닌 낱생명들의 다양성을 지니는 동시에 서로 살리는 관계망인 생태계를 이루어 '온생명'으로 산다. 생명은 낱생명의 입자성과 온생명의 파동성(관계성)이 상보적으로 존재한다. 시공간에 대한 분절적 경험으로 인해 강한 실존적 개체성을 경험하지만, 생명은 온생명의 관계망, 파동 속에서 생명으로 살 수 있다.[6]

생명(生命)은 명(命) 받아 사는(生) 존재다. 덧없는 생멸의 흐름에 지속이라는 생명사건이 일어난다. 비록 일정한 제한 속에서 일어나는 사건이지만, 명(命), 지속이라는 사건은 생명을 이해하는 매우 중요한 계기가 된다. 지속을 일으키는 힘은 물질적 인과로는 다 해

---

[6] 장회익은 생명을 분절된 개체(입자)로서 낱생명만이 아니라, 생명작용이 일어나는 관계(파동) 속에서 생명을 이해하는 '온생명' 개념을 제시했다. 생명을 개체가 아니라 관계로 사유하는 개념을 자연과학의 언어로 설명해 낸 것은 중요한 성과다. 그러나 온생명의 최소단위를 설정하고 이를 태양계로 설정한 것은 근대 과학 이성의 분절적 사고틀이 남아 있는 모습이다. 온생명이라는 관념이 지닌 특이성과 힘은 생명의 시간성을 공간화시켜 분절함으로써 생명을 살아 있는 생명으로 사유할 수 없게 만드는 반생명 사고틀을 극복한 것에 있기 때문이다. 일정한 단위 설정이 필요하다면, 어떤 층위에서든 방편적 맥락에서 가능하다. 굳이 태양계를 설정하는 것은 무의미하다는 것이다.

그럼에도 불구하고, 물리학자로서 생명을 사유하는 새로운 관념을 창조했다는 점에서 매우 의미 있는 성과다. 양자역학의 불확정성원리로 과학혁명을 이끈 보어와 하이젠베르크가 겪었던 어려움 가운데 하나가 새로운 물리현상을 표현할 적절한 개념이 없다는 것이었다. 뉴턴역학에서 만들어진 기존 개념으로 새로운 물리현상을 설명하는 데 한계가 있었기 때문이다. 화이트헤드는 철학의 과제를 당대의 우주론(자연과학)에 토대해 새로운 관념을 창조하는 것이라 했다. 이런 맥락에서 장회익이 온생명이라는 새로운 관념을 창조한 것은 과학과 철학의 공통 필요를 채우고 소통하는 매우 중요한 성과다.

명되지 않는 사건이다. 강한 물질적 인과를 벗어나는 힘, 사건이 발생한 것이다.7

물리적 인과를 벗어나는 예기치 않은 사건 속에서 생명은 새로운 세상을 창조하는 주체적 역할을 수행한다. 강력한 물리적 인과 속에 있는 동시에 그 인과를 변화시키는 작용을 한다. 그저 덧없이 흘러가는 물질적 존재이자 새로운 흐름을 창조하는 주체가 된다.

5. 주체작용과 창조성

새로움이라는 창조성은 익숙한 인과의 흐름, 동질성만으로는 생성되지 않는다. 거기에는 그저 반복이 있을 뿐이다. 익숙한 인과의 흐름을 벗어나는 낯선 사건(타자/이질성)을 만날 때 창조성이 생성된다. 타자를 만나는 사건, 동질성과 이질성이 접속하는 사건에서 새로움, 창조성이 생성된다. 이 점에서 창조성은 불현듯 예기치 않게 일어난다는 특징이 있다.

한편 이질성을 동질성으로 포섭(자기증식/제국주의)하거나, 동질

---

7 생철학을 정초한 베르그송은 생명을 사유할 수 없는 지성의 오래된 버릇/오류를 '시간의 공간화'라고 지적한다. 인식대상을 분절하는 지성의 오래된 버릇이다. 물질을 사유할 때는 어느 정도 효용성이 있지만, 살아 있는 생명은 분절하면 생명일 수 없다. 이러한 이해 속에서 생명을 이해하는 핵심개념으로 '지속'을 제시했다. 우주에는 거대한 물질적 질서(열역학 제2법칙)를 거스르는 또 다른 질서가 작동한다. 생명현상이다.

성이 이질성에 포섭(사대주의)되면 창조성이 일어날 수 없다. 이런 상황에서 다루어지는 창조성은 지배의 도구가 된다. 동질성과 이질성이 만나 함께 새로운 것이 될 때, 서로를 살리는 창조사건이 된다. 이런 맥락에서 강한 물리적 인과 속에 있으면서 끊임없이 낯선 관계 사건을 직면하는 존재의 주체작용은 창조성을 일으키는 매우 결정적인 요인이 된다.

주체적 지향을 일으키는 정신작용은 삶에 의미와 목적을 창조한다. 그 창조의 힘은 생명의 약동 속에 기억되고 축적되어, 새로운 주체작용이 일어날 때 주체를 끌어당기는 힘으로 현재 사건에 뚫고 들어온다. 주체의 깨어 있음이 없다면 현재는 덧없는 껌벅거림일 뿐이지만, 주체적 지향으로 깨어 직면하는 현재는 과거의 영향 속에 살면서 동시에 미래를 창조하는 주체를 생성하는 사건이 된다. 물리적 인과, 주체적 지향, 뚫고 들어온 목적의 끌림이 주체의 실천 속에서 하나로 어우러져 새로운 세계를 창조한다.[8]

---

[8] 화이트헤드는 실재를 생성변화하는 과정으로 파악하고, 과정으로서의 실재가 존재하는 방식을 설명했다. 강력한 물리적 인과의 효과와 이를 넘어서는 주체적 지향이 동시에 작용함을 보이고, 그 과정에서 창조성이라는 힘이 어떻게 작동하는지 밝혔다.

6. 밥, 생명을 살리는 생명의 되먹임

하늘 땅 사람 온생명은 서로 살리는 밥이 되어 더불어 산다. 밥알 하나에 온 하늘 땅이 들어 있고, 생명은 다른 생명을 살리는 밥으로 산다. 동학은 이를 두고 밥을 먹고 사는 것은 하늘로서 하늘을 먹고 사는 것이라 가르친다(이천식천 以天食天, 해월신사법설). 밥알 안에 있는 하늘이 사람 몸에 들어가 몸 안에 있는 하늘을 살리는 것이다. 밥은 그저 물질적인 영양소가 아니라 생명을 살리는 생명이다.

하늘 땅이 사람을 살리고, 또한 사람이 하늘 땅을 살린다. 사람이 곡식을 살리고, 또한 곡식이 사람을 살린다. 사람이 자연을 살리는 것이 곧 사람을 살리는 것이다. 자연을 파괴하는 것은 곧 자기를 파괴하는 것이다. 아무리 연약한 생명도 살아 있다면 늘 다른 생명을 살리고 있다. 부모가 아기를 살리지만, 아기도 부모를 살린다. 먹고 싸기만 하며 누워 꼼지락거리는 듯한 작은 생명이 부모의 기쁨과 슬픔 희망을 좌우하고, 부모를 살린다.

'생명을 살리는 밥으로 오신 하나님!', 동서양을 관통하는 신의 현존에 대한 탁월하고 아름다운 표현이다. 밥이 하늘이라는 말은 생명살림이 하늘 땅 아래 가장 고귀한 일이라는 고백이며, 생명을 살리는 밥으로 살겠다는 다짐이다. 이는 특히 예수운동과 동학운동에서 매우 중요하다. 이는 교권체제화된 종교 이전, 원초적 예수사건과 성찬의 본질이다. 예수는 자기 몸을 다른 사람을 살리는 밥(빵과 포도주)이라 했고, 십자가 사건은 그 가르침을 몸으로 구현한 사건이다. 성전을 헐라 했고, 십자가 사건으로 성전 휘장이 찢어졌다. 생명을 살리는 역할을 상실하고 오히려 로마제국과 유대지배층의 이중적 착취와 지배체제의 도구가 된 성전 중심의 제사구조를 폐기한 것이다. 제사는 밥상공동체의 사귐으로 대체되고, 건물로서의 성전은 한몸되어 더불어 사는 삶이 되었다. 이를 통해 생명을 살리는 사랑을 실천한다.

동학은 '벽을 향해 제사상을 벌이지 않고 나를 향해 펼친다'(향벽설위 향아설위 向壁設位 向我設位)를 통해 이를 강조했다. 이는 제사의 패러다임을 근원적으로 새롭게 설정한 가르침이다. 동서고금을 막론하고 사람이 모여 사는 곳에는 어디나 제사라는 삶의 양식이 있다. 이들 제사는 모두 벽을 향해 제사상을 펼치고 예식을 벌이는 구조였는데, 이 기본틀을 바꾼 것이다. 향아설위(向我設位), 자기를 향해 상을 펼치라는 것은 결국 함께하는 이들이 밥상을 두고 둘러앉아 나누는 사귐이 거룩한 제사가 된다는 뜻이다. 이는 성전제사를 폐기하고 밥상을 함께 나누는 사귐을 통해 사랑을 실천한, 교권체제 이전의 예수운동과 맥을 같이한다. 이런 맥락에서 '밥을 먹는 것은 밥알 한 알 속에 있는 하늘이 내 안에 있는 하늘을 먹여 살리는 것'이라 했다(이천식천 以天食天). 하늘을 모시는 시천(侍天)과 하늘을 돌보고 키우는 양천(養天)을 동일시한 것이다.[9]

7. 양생(養生)의 길

사람은 하늘을 모신 생명이다(시천주 侍天主, 동경대전). 하늘 기운 품고 흙으로 꼴 지어져 산다. 하늘 기운과 땅 기운이 어우러져 있는 존재다(인중천지일 人中天地一, 천부경). 따라서 사람은 하늘을 잊으면 얼 빠지고 어두워져, 생기 있는 참된 나(얼나)로 살 수 없다. 땅에서 뿌리 뽑히면 생기가 메말라 '조작된 욕망과 조장된 불안'에 휘둘리며 신음한다.[10] 사람은 하늘을 품고 사는 생명이기에, 사람답게 살며 중용을 실천하는 길은 사람이 지닌 하늘 명(얼)을 깨닫는 것이고, 그

---

9 시천(侍天)과 양천(養天)을 동일시하는 것은 신과 인간을 실체처럼 규정하고 분절시켜 위계화하는 세계관으로는 깨닫기 어려운 가르침이다. 화이트헤드는 신의 '원초적 본성'과 '결과적 본성'을 구분해 사용함으로써 오래된 신 관념에 대한 혼란과 이로 인한 논리적 모순을 해결할 수 있는 단초를 제공했다. 굳이 복잡한 개념설정을 하지 않더라도, 관념이 아니라 삶의 실제 경험 속에서 보면, 시천은 동시에 양천으로 경험된다. 둘 중 하나만 중시하고 다른 하나에 거부감을 갖는 것은 언어가 만드는 인식의 혼란 때문이다. 언어와 언어습관이 올바른 인식을 가로막는 현상인 '시장우상'(베이컨)에서 벗어나면 될 일이다.

10 땅에서 뿌리 뽑힌 생명은 생명답게 살기 어렵다. 생명을 상품으로 물화시키는 자본주의 체제는 인클로저운동, 자연 공유지의 독점사유화 등 사람을 땅에서 분리시키는 폭력으로 시작되었다. 땅에서 분리되면 하늘 땅의 생기를 누릴 수 없고, 자기를 노동 상품으로 팔아야만 살 수 있는 핍절하고 불안한 존재로 전락한다. 시장의 경쟁 구조 속에서 살아남아야 하니 불안은 더욱 커진다. 무한증식을 본질로 하는 자본의 작동방식은 끝없이 소비를 증대시키려 한다. 소비를 증대시킨다는 것은 없었던 소비욕망을 일으키는 것인데, 이를 위해 끊임없이 욕망이 조작된다. 자기 욕망이 아니라 자본의 욕망을 자기 욕망인 것처럼 여기게 된다. 자본이 가장 효과적으로 작동하는 방식이 욕망을 조작하고 불안을 조장하는 것이다. 하늘을 잊고 땅에서 뿌리 뽑히면, 이런 자본의 작동방식에 속수무책이 된다.

명(얼)을 밝히고 닦는 것이다(천명지위성 솔성지위도 수도지위교 天命之謂性 率性之謂道 修道之謂敎, 중용).

기(氣)가 모여 생명/형체를 낳고, 흩어지면 하늘 땅으로 퍼진다. 천기(天氣)와 지기(地氣)가 인기(人氣)를 낳는다. 음양의 조화균형이라는 시간작용이 오행의 상호작용으로 공간에 펼쳐진다. 혜강 최한기는 활동운화(活動運化), 천인운화(天人運化), 통민운화(通民運化)를 통해 우주, 사람, 사회에 일관되게 작동하는 힘과 원리를 기학(氣學)으로 체계화했다.

하늘 땅 온 우주 생성변화를 일으키는 힘과 작용은 사람의 몸과 마음, 오장육부에도 일관되게 작용한다. 이런 맥락에서 동북아 철학과 의학을 대표하는 황제내경과 동의보감은 사람을 소우주라 한다. 이러한 깨달음을 관념에만 머물지 않고, 실제 삶에 일관되게 적용했다. 논밭에서 생명을 키워 먹고(농사), 집 짓고 옷을 만들어 입고, 마을과 나라를 경영하는 모든 삶과 문화에 적용한다. 사람 몸을 돌보고 진단하고 치료하는 양생(養生)의 삶에도 일관되게 적용한다. 하늘 땅을 일관하는 기가 오장육부를 뿌리로 온몸에 흐르는 맥을 경락경혈학으로 체계화했다. 몸에 나타나는 상/징후를 통해 오장육부의 생리/병리현상을 분석해 상호관계를 이해하는 장상학 체계를 갖추고 이를 치료에 적용한다.[11]

사람은 소우주이기에 하늘 땅 사람 서로 살리며 생성변화하는 원리를 깨닫고, 하늘 땅의 스스로 그러한 길, 자연의 때에 맞게 사는 것이 마땅하고 건강한 삶이다. 하늘 땅 생성변화하는 기운과 그 이치에 따라 더불어 살고, 몸과 마음을 바르게 하여 오장육부의 음양 균형 조화를 이루며 사는 것이 생명을 생기 있게 돌보며 사는 길(양생지도 養生之道)이다.

8. 더불어 사는 생명의 덕(德), 겸애(兼愛)

생명이 그 고유한 생명됨을 실현시키는 힘, 잠재력을 덕(德)이라 한다. 씨알 속에 잠재된 생명력이 덕이다. 생명은 낱생명으로는 생명일 수 없기에, 덕은 낱생명의 개체성에 갇히지 않고 생명 본연의 관계성을 실현하는 힘으로 작용한다. 생명의 씨알, 덕이 밝혀지면 더불어 사는 삶이 풍성해진다(덕불고 필유린 德不孤 必有隣, 논어). 밝은 덕을 밝히면 백성이 평화롭고 지극한 선에 이른다(명명덕 친민 지어지선 明明德 親民 止於至善, 대학).

---

11 하늘 땅 사람을 통전적으로 이해하는 철학(관념)도 중요하지만, 이를 우주론, 정치사회, 의학, 일상생활 양식 속에 일관되게 적용하고 순환시킨 것은 다른 사례를 찾기 어려운 놀라운 문명의 성과다. 대부분 지역에서 옛 사상과 전통으로만 머물러 부분적으로 전해지는 데 비해, 이 땅에서는 현재 삶에도 여전히 이어져 살아 작동하고 있다는 점도 놀라운 일이다. 정신사(철학)와 제도사가 일관성을 지니고 함께 이루어지는 것은 한 문명의 건강과 창조성을 가늠할 수 있는 매우 중요한 힘이다. 인류 시원문명의 공통된 깨달음이 수많은 굴곡 속에서도 수천 년 일관되게 이어져 온 것은 매우 소중한 인류의 유산이다.

씨알이 건강하면 둘레 생명과 역동적으로 교감하면서 풍성해진다. 뿌리가 깊으면 더 넓게 펼치고 더 많은 둘레 생명들과 교감한다. 뿌리가 깊지 않아 정체성(구심력)이 불안한 생명은 움츠러들고 닫히게 된다. 씨알이 튼실하면 유연하게 열리고, 둘레 생명들과 더 잘 교감하게 된다.[12]

더불어 사는 삶을 가능하게 하고 더욱 풍성하게 만드는 덕, 그 덕이 일으키는 힘이 사랑이다. 하늘 땅 사람 온생명은 남이 아닌 한 몸이기에 나와 너, 내 가족과 남의 가족, 내 나라와 너의 나라를 차별하지 않는다. 차별 없이 두루 사랑하는 겸애(兼愛)가 평화를 낳고 실천하는 살림길이다(천하무인 天下無人, 겸애 兼愛, 묵자).

더불어 사는 삶을 가능하게 하는 가장 중요한 덕목은 사랑을 실천하는 것이라 가르치는 점에서 묵가(겸애 兼愛)와 예수, 유가(인 仁,

---

[12] '구심력이 강한 조직은 닫힌 조직이다'라는 말이 의미 없이 떠돈다. 이는 범주오류다. 구심력이 강하다는 것과 닫혀 있다는 것은 함께 나열할 수 있는 동일 범주가 아니다. 논리적 인과관계가 있는 것도 아니다. 구심력이 강하면서 닫힐 수도 있고 열려 있을 수도 있다. 열린 조직이 구심력이 강할 수도 있고 약할 수도 있는 것이다. 구심력이 강하면서 열린 사례를 많이 경험하지 못해서 생긴 사고의 오류다. 구심이 강하면서 닫힌 경우는 다양한 내외적 불안 요인을 건강하게 대처하지 못해서 경직되는 현상이다. 다양한 생명현상에 대한 지배적 위협이 만연하는 반생명문화 속에서 이런 현상이 많은 건 당연한 일이다. 습관적 사고의 오류는 그러한 사고가 토대하는 기존 질서를 안정적으로 유지하는 지배담론으로 작용한다는 것을 주의해야 한다. 관건은 반생명문화에서 벗어나 생명살림과 평화 일구는 삶의 새롭고 강력한 구심력, 주체역량을 다양하게 만들어 내는 것이다. 이러한 주체역량을 뿌리로, 때로는 닫힌 모습으로 때로는 열린 모습으로 새로운 삶을 역동적으로 생성해 가는 것이다.

충서 忠恕) 모두 동일하다. 그러나 유가는 실제 삶에서 사랑이 변질되어 별애(別愛)가 되면 오히려 부정부패와 집단이기주의, 전쟁과 집단폭력의 주요 원인이 된다는 것을 깨닫지 못했다. 이는 유가가 묵가의 겸애(兼愛)를 이해하지 못하고 집요하게 묵가를 비판했던 것을 통해 드러난다. 사회문제를 처방하는 같은 관념이라도, 이론적 성찰을 통해 관념을 제시하는 것과 실제 더불어 사는 삶에서 길어 올린 깨달음과 실천을 토대로 길을 제시하는 것은 전혀 다른 것이 된다.

4장 | 삶에 뿌리내린 통전학문

1. 삶과 분과학문

살림학은 분절된 분과학문에 담긴 살림문화의 영감과 논리, 성과를 살림살이(삶)를 뿌리로 서로 잇는 학제 간 소통, 통전학문 운동이다. 삶에 뿌리내리지 못한 학문, 그런 상태에서의 학제 간 연구와 통전학문 논의는 서로 다른 관념의 벽을 넘기 어렵다. 당위를 강조하는 관념적 수준에 머무르게 된다. 분절된 상태로 그 영역 안에서 추상된 관념이기에 다른 영역의 관념들과 전혀 다른 문법과 논리를 갖기 때문이다.

모든 분과학문들은 삶이라는 동일한 뿌리에서 갈라져 나온 가지들이다. 따라서 삶은 학문의 통전성을 가능하게 하는 공통 기반이다. 분절과 추상작업이 시작된 곳이 삶(살림살이)이고, 관념이 돌아와야 할 곳 또한 삶이다. 모든 추상작업의 공통 토대인 삶에 뿌리내릴 때, 참된 의미의 소통이 가능하다. 삶에 뿌리내리는 자체가 학제 간 소통, 통전학문운동이다. 어떤 관념도 다질적이고 역동하는 삶을 온전히 담을 수 없기 때문에, 서로 다른 맥락에서 추상된 다양한 관념들, 분과학문의 관념들을 삶을 뿌리로 서로 잇고 보완해 가는 것이 필요하다. 이를 통해 신비롭고 풍성한 삶의 아름다운 숨결을 더욱 풍성하고 생기 있게 드러낼 수 있다.

천문지리, 물리, 생리, 심리 등은 각 분과영역의 특이성에 맞게 작동하는 내재된 힘 작용(리理)을 찾아 밝히는 실천이다. 하늘 땅 사람 온생명 생성변화하는 힘의 작용과 원리를 발견하고, 이 속에서 이루어지는 각 분과영역의 고유한 생성변화 원리를 이해하고 설명한다. 하늘 땅 사람 생성변화를 일으키는 힘 작용은 각 분과학문의 특이성 속에서 다양하게 표현되면서도 서로 다른 분과영역을 넘어 일관하는 힘으로 작동한다.

　사회, 역사, 경제, 정치 등은 사회관계 속에서 작동하는 힘을 생성변화시키고 조율(제濟, 치治)하여 더 나은 삶을 추동시키는 실천이다. 따라서 그 실천을 일으키는 힘, 이를 관장하는 주체를 어떻게 이해할 것인지, 주체가 어떻게 생성되고 조직되는지, 그 힘과 주체작용을 어떤 배치 속에서 어떻게 극대화할 것인지가 공통된 과제가 된다.

　사람은 하늘 땅 기운이 하나된 생기로서 몸과 마음, 물리 생리 심리가 하나로 작용하는 생명이다. 사람은 소우주이기에 천문지리에 작용하는 힘 작용(리理)은 사람에게도 일관되게 작용한다. 따라서 사람을 아는 것은 모든 분과학문의 원리를 이해하는 바탕이고, 학문의 통전성을 가능하게 하는 바탕이 된다. 천문지리 물리적 맥락에서 생성변화 원리를 발견하고 해석하는 학문들은 사람(삶)을 자아에 도취된 고립된 개체가 아니라 하늘 땅 온 우주 속에서 이해할 수 있게 도와준다. 한편, 실제 삶의 일상에서 관계 맺는 사람을 잘 이해하는 것은, 일상 감각을 넘어서는 초거시세계와 미시세계의 생성변화 원리를 탐구하는 학문들이 자칫 자기도취와 오만에 빠지지 않게 도와준다. 사람(삶)을 외면한 과학이 그 심오함을 증대시킬수록 지구 생명체 전체를 파괴하는 도구가 된다는 것은 외면할 수 없는 현실이 되었다. 모든 분과학문의 성과들은 사람을 이해하는 것으로 이어짐으로써 자기 관념과 논리를 검증하고 생명살림이라는 신성한 일상에 뿌리내리게 된다.

1) 사회역사

사회는 다양한 삶과 조직의 생성변화와 상호관계를 이해하고 해석하는 작업이다. 삶과 사회에 시간성이 부과된 것이 역사다. 역사는 삶과 사회의 생성변화를 시간의 맥락 속에서 이해하고 해석하고 전망한다. 과거와 미래가 현재에 살아 있게 한다. 역사는 단순히 과거를 기억하는 것이 아니다. 과거의 기억과 해석을 통해 미래를 예측하는 지혜를 길어 올리는 지혜의 우물이다.

무엇을 어떻게 기억하는가는 전혀 다른 현존재를 생성하는 토대가 된다. 제국주의 시대를, 계몽된 제국이 미개한 식민지를 근대화시키고 개발시켜 준 시대로 기억하는 것과 제국의 지배와 폭력에 맞서 우리 삶터와 문화를 지키고 그 지배의 힘에서 벗어나는 해방운동의 사건으로 기억하는 것은 전혀 다른 현존재를 생성한다.

제국의 욕망을 자기 욕망으로 기억하며 사는 존재는 해방이 되어도 여전히 제국의 얼을 갖고 산다. 그러면 해방된 지 70년 이상이 지나도 제국의 가치질서와 문화를 욕망하고 추종하는 존재로 살게 된다. 몸은 해방되었지만, 정신은 해방되지 못하고 길들여진 채 사는 것이다. 이런 맥락에서 기억을 지배당하는 것은 역사를 잃는 일이다. 역사를 잃으면 사회적 존재로서 고유한 얼을 잃는다. 그래서 단재 신채호는 나라를 잃으면 다시 찾을 수 있지만, 역사를 잃은 백성은 얼을 잃어 희망이 없어진다고 했다(조선상고사).

2) 경제

경제는 살림살이 자체를 본질로 한다. 개인이나 가정, 사회조직 단위 다양한 층위의 살림살이를 장단기적으로 전망하고 조율해 서로 먹여 살리는 실천이다. 살림살이를 본질로 하는 경제가 자기증식을 목적으로 하는 힘에 종속되면 경제는 가장 반생명적인 문화를 만들게 된다.

철저하게 자기증식(자본증식)을 위해 작동하는 경제체제는 그 속에서 살아가는 생명을 끊임없이 착취하고 신음하게 만든다. 끝없는 자기증식을 향한 탐욕은 폭력과 지배를 낳을 수밖에 없다. 그 탐욕은 결국 다 채워질 수 없기에 자기까지도 파멸에 이르게 하는 죽임의 본능이다. 살림살이라는 본연의 경제가 이루어지는 것이 곧 평화의 모습이다. 평화(平和)는 더불어 함께 밥 먹는 것을 형상한 말이다.

3) 정치

정치는 사회를 구성하는 다양한 사람과 조직의 힘 작용과 관계를 물 흐르듯 조율하고 운용하고 설득하여 고양시키는 실천이다. 관계 맺는 사람과 조직의 잠재력을 때와 곳에 맞게 실현하고 조율하고 극대화시키는 실천이다.

거시권력의 작동과 권력의 소유관계만을 다루는 근대정치학의 한계를 넘어서는 것이 필요하다. 정치학의 과제와 실천이 국가권력의 소유문제와 그 운용문제에 과도하게 편향되어 있다. 권력을 소유의 문제로 보는 것을 넘어 작동하는 힘과 관계로 이해하는 것이 중요하다.[13]

일상 삶의 다양한 관계와 생활문화, 통념적 사고방식과 정서, 습속을 통해 작동하는 힘이 일으키는 권력작용을 비판적으로 분석하고, 그 힘이 생명을 살리고 추동하는 힘으로 작동하도록 새로운 삶의 배치를 만드는 생활정치, 미시정치가 중요하다.

현대정치에서 이러한 생활정치, 미시정치라는 개념이 다양하게 제시되지만, 아직도 정치학 논의와 정치운동 현장에서는 근대정치학의 패러다임(거시권력의 소유/국가주의)이 지배적이다. 생활정치, 미시정치라는 개념을 사용하면서도 여전히 국가권력을 소유하기 위한 도구로 활용하는 경우가 많다. 관념의 실천적 전환이 되지 않기 때문이다.

생활정치, 미시정치를 주체적으로 실천하는 것이 정치의 뿌리다. 그렇지 않으면, 언론자본과 여론조사라는 신기루가 만들어 낸 정치 경마장의 관중으로 길들여진다. 국가권력과 자본이 벌여 놓은 권력시장의 투표 소비자로 전락한다. 일상의 주체적인 생활정치에 뿌리내릴 때 비로소 선거라는 것은 의미 있는 주권행사의 한 계기가 될 수 있다.

---

13 그람시가 제시한 시민사회론은 이런 편향에 대한 문제제기이자 대안으로 제시되었다. 기존 계급운동과는 다른 방식의 다양한 시민사회운동이 전개되는 토대가 되었다. 그러나 그 실천과 적용에서 여전히 국가주의를 넘어서지 못했다. 시민사회, 진지를 국가권력을 소유하기 위한 또 하나의 도구로 이해하거나, 직장 영역이나 지역(행정구역) 등으로 이해함으로써 근대정치학의 패러다임을 벗어나지 못했다. 직장 영역은 자본이 자기증식을 위해 효과적으로 짜놓은 틀이다. 행정단위로서의 지역은 국가체제가 백성을 효과적으로 관리하기 위해 만든 행정조직이다.

지배가 전제된 틀 자체를 벗어나는 사유와 실천이 필요하다. 직장이나 지역보다 더 근본되는 지점인 살림터(마을)에서 시민사회의 토대를 재구성하는 것이 중요하다. 살림터에 뿌리내리지 못한 시민사회 운동은 자생력을 갖지 못해 결국 국가/자본의 구심력으로 수렴된다. 백성의 주체역량으로 만들어지는 마을은 일상 삶 속에서 축적된 공감과 신뢰를 토대로 함께 먹고 공부하고 육아 교육 놀이 등 공동의 일상 살림을 실천하는 생활정치 과정에서 생성되는 살림터다. 이런 살림터를 만드는 실천에 토대하지 않은 생활정치, 미시정치 논의는 결국 근대정치학의 새로운 장식품이 되어 국가주의로 수렴된다.

4) 얼 밝히기(철학)

철학은 얼 밝히기다. 사람 안에 있는 하늘 기운, 생명의 힘을 얼이라 한다. 하늘과 땅의 기운이 사람 안에서 하나되어, 하늘 땅에 이어진 온생명임을 자각케 하는 힘이다. 개체에 갇힌 자아에 함몰되지 않도록 깨어 있게 하는 힘이다. 하늘 땅 온생명과 더불어 살게 하는 힘이다. 옛부터 얼빠진 생명은 살아도 죽은 것이라 했다. 얼빠져 어두워진 생명은 헛된 것들에 쉽게 물들거나 자기증식을 위해 다른 생명을 지배하고 죽임으로 몰아간다는 것을 역사는 일관되게 경고한다.

철학은 우주 생성변화를 일으키는 힘 작용(원리), 물리현상 이면에서 작동하는 힘 등을 형상화(개념화)해서 이해한다(형이상학). 인식과 해석의 가능성과 작동방식을 내적 정합성(논리)에 토대해 제시한다(인식론). 삶과 죽음, 진선미라는 삶의 궁극적 과제와 지향을 설정하고 설득한다(실천론). 마음 작용을 이해하고 다루는 것(마음닦기)과 몸 작용을 이해하고 닦는 것(몸닦기)은 몸과 마음이 하나이듯 하나의 사건이다. 수신(修身) 없는 철학은 관념의 허상에 빠지고, 철학 없는 수신은 덧없이 껌벅이며 흘러간다. 깨달은 바를 삶으로 사는 스승이 있어야 위태롭지 않고, 배우고 익힌 것을 스스로 닦아야 체화된 깨달음에 이를 수 있다.[14]

5) 고운울림(예술)

예술은 이 모든 분과학문과 삶의 생성변화 속에서 공통되게 작동하는 관계의 어울림을 일으키는 실천이다. 곱게 어우러지는 것이 아름다움이다. 관계의 기운을 조율하고 신명을 추동하는 고운울림이 아름다움을 꽃피우는 예술이다. 어떤 영역이든 관계의 어울림을 고양하게 하는 실천은 예술이 된다.

하늘 땅 사람 온생명 생성변화하는 길(道)은 서로 갈마들며 어우러지는 힘의 관계작용이다. 생성변화를 일으키는 힘 자체가 끊임없이 더 잘 어우러지려는 갈망인 것이다. 더 잘 어우러지려는 아름다움을 향한 충동은 체념과 지루함을 견딜 수 없다. 고운울림을 향한 갈망이 새로움의 원천이고, 그 갈망과 새로움이 향해 가는 길에 평화가 있다. 생명이 곱게 어우러져 생기 일으키는 삶이 평화다.

어울림을 향한 충동, 예술은 모든 분과학문과 삶에서 작용하는 공통된 힘이다. 어울림을 향한 충동은 나무 전체를 관통하는 수

---

14 관념화된 철학과 교권체제화된 종교는 전혀 다른 것이다. 함께할 수 있는 접점이 없다. 그러나 삶의 근원적 문제에 대해 질문을 던지고 이를 해결하는 실천이라는 점에서는 철학과 종교의 구분이 의미가 없다. 삶의 근원적 문제는 생로병사, 관계 맺음(어울림)과 소통, 즉 더불어 삶이다. 죽음에 대한 이해는 더 나은 삶을 향한 깊고 강력한 가르침이 된다. 하늘 땅 온생명 생성변화를 일으키는 힘을 어떻게 이해할 것인가, 끊임없이 생성변화하는 과정 속에서 생명의 지속은 어떤 의미를 갖는가, 사람은 어떻게 무언가를 알 수 있나, 어떻게 전하고 공감할 수 있나, 알고 느끼고 공감한 것을 어떻게 실천할 것인가 등의 과제는 생기 있는 철학과 종교가 함께 풀어 가야 할 공통 과제들이다.

액이 되어 평화라는 열매를 맺는다. 삶의 모든 영역과 학문에 관통하는 생명약동이 어울림을 향한 충동이라는 사실은, 무척 고되고 힘들고 불의한 현실을 살아가야 하는 사람들이 삶을 곱게 꿈꾸고 노래하고 희망하게 하는 신비로운 힘이 된다. 예술은 아픔을 위로하고, 생기를 일으키고, 신비를 현실로 초대하는 아침햇살이 된다.

2. 삶에서 뿌리 뽑힌 분절된 관념과 학문의 폭력성

살림살이(삶)라는 뿌리를 잃은 관념과 학문은 지식상품이 되어 유행을 따라 떠돌게 되고, 혹 영향력을 가지면 지식권력, 생체권력으로 작동한다. 분절된 분과학문들은 비록 뚜렷한 부분적 성과와 유익이 있음에도 불구하고, 자본과 권력에서 자유로운 지식생태계, 살림생태계를 만들지 못하면 결국 자본증식의 도구가 되고 거대한 생명조작, 지배와 폭력(전쟁)의 도구가 된다.

인류의 지배문화는 오래전부터 살림살이를 노예, 여성과 아동, 노동자들에게 맡겨 폄훼하고, 관념의 묘미에 빠진 채 진리를 궁리하는 부질없는 짓을 해왔다. 스스로 살림살이할 능력을 잃으면, 그 일을 맡길 존재를 늘 필요로 하게 된다. 그래서 이런 지식문화가 늘 권력작용, 지배와 함께 가는 것이다. 하늘 땅 만물 생성변화와 사람의 오장육부, 삶의 진선미를 하나로 관통하는 뿌리가 살림살이다. 살림살이에 뿌리내리지 않고 이를 하찮게 여기는 지식문화 속에서,

살아 있는 깨달음, 생기 있는 관념을 얻으려는 것은 모래 위에 집을 짓는 일이다.

인류는 오래전부터 진리와 평화를 명분으로 폭력과 전쟁을 일삼아 왔다. 그것을 정당화하는 관념을 지배이데올로기로 양산해 왔다. '강력한 군사력(폭력)이 있어야 평화를 지킬 수 있다'는 관념은 인류가 오랫동안 속아 온 증명된 거짓말이다. 서로 적대시하고 대결하는 세력들은 모두 이 관념을 내세우며 전쟁을 일으킨다. 이 관념을 명분으로 대량살상무기와 핵무기를 경쟁적으로 만드는 일을 정당화한다. 현실적으로 어쩔 수 없으니 이 방법밖에 없다고 한다. 만약 그렇다면 적대하고 대결하는 상대방이 똑같은 생각으로 대량살상무기와 핵무기를 만들고 전쟁 위협을 가하는 것을 비난할 수 없다. 그런데 상대방이 그렇게 할 때는 비난한다. 상대방이 하는 말은 권력과 지배 욕망을 감추기 위한 명분일 뿐이고, 인류 평화를 위협하는 것이라 비판한다. 그 관념이 거짓임을 사실은 알고 있기 때문이다.

 전쟁과 폭력을 일으키는 거짓 관념이 적대하는 양쪽 모두를 지배하는 것이다. 군비경쟁과 전쟁에서 어느 한쪽이 이기는 게 아니라, 그 거짓 관념이 늘 이긴다. 그 관념은 전쟁과 폭력을 확대 재생산하는 가장 실제적인 효과를 만든다. 너무도 명확히 증명된 거짓 이데올로기다. '강력한 군사력(폭력)이 있어야 평화를 지킨다'는 관념은 죽임문명을 상징하는 대표적인 관념이다. 이 간교한 속삭임은 끊임없이 적개심을 키우면서 더 잔인한 대량살상무기를 만들고 군비경쟁의 중독에 빠지게 했다. 이는 잔인한 집단 폭력과 전쟁을 미화시키는 명분일 뿐이다. 평화는 강력한 군사력(폭력)으로 만들 수 있는 것이 아니다. 군비경쟁을 멈추고, 대량살상무기와 핵무기를 폐기하고, 전쟁을 반대하고, 공격전쟁을 포기하는 것이 평화의 길이다. 천릿길의 복잡함이 한 걸음으로 되느냐고 외면할 것이 아니라, 정직하게 한 발을 내딛는 게 중요하다. 천릿길도 한 걸음부터라는 건 이론의 여지가 없는 삶의 현실이다. 평화를 만드는 유일한 길은 평화다. '지금 이곳'에서 더불어 사는 삶이 평화다.

3. 진리욕망과 진리효과

진리는 특정한 집단에 의해 관념으로 규정되거나 증명되는 것이 아니다. 진리를 규정하고 독점하려는 욕망인 진리욕망은 역사 속에서 교묘한 지배와 무자비한 폭력을 양산했다. 그 의도와 무관하게 늘 거룩한 옷을 입은 폭력을 낳으며 실패했다. 폭력을 통해서라도 지키려 했던 그것이 오히려 폭력을 통해 스스로 진리가 아님을 증명한 것이다. 십자가의 사랑을 전하는 집단이 진리욕망에 빠지면 오히려 십자가를 마녀사냥과 종교재판, 전쟁의 도구로 사용한다. 그토록 엄밀한 인식과 합리성을 추구했던 계몽이성이 진리욕망에 빠져 나치즘과 제국주의의 이데올로기가 되었다. 정교한 수학적 사고와 객관적인 실험을 통해 엄밀한 보편성을 추구했던 과학이성이 진리욕망에 빠져 불과 2~3백 년 만에 수억 년 이어 온 지구 생명 전체를 파괴할 위협에 빠뜨리고 있다. 종교 사제, 계몽이성의 지식인, 과학자로 형태만 변했을 뿐 진리욕망이 일으키는 지배와 폭력은 동일하게 반복된다.

진리는 스스로 드러나는 것이다. 진리를 깨닫고 증언하는 유일한 길은 진리의 힘이 삶 속에서 드러나는 것이다. 진리에 대한 상대주의를 말하는 것은 이를 긍정하든 부정하든 게으른 일이다. 말글(언어)의 태생적 한계로 인해 진리는 말글로 규정할 수 없다. 말글은 삶의 다질성에서 추상된 것이고, 삶과 말글의 관계는 자의적으로 맺어진 것이기에, 말글의 층위에서는 상대성을 벗어날 길이 없다. 말글의 층위에서는 절대든 상대든 모두 상대적인 것이 된다. 그래서 말글로 접근하면, 아무리 절대를 표방해도 결국 상대라는 울타리 속에 있게 된다.

    진리, 절대에 대한 열정과 진정성은 말글이 아니라 삶으로 드러난다. 삶에서 추상되어 자의적으로 설정된 말글에 비해, 삶은 그 자체다. 말글은 삶과 다를 수밖에 없지만, 삶은 그 자체로 삶이다. 진리를 향한 길에서 우리가 직면해야 할 과제는 진리에 대한 정교한 개념 규정이나 말글로 절대를 규정하는 것이 아니라, 진리에 대한 인식과 믿음이 만들어 내는 삶의 성숙과 변혁이다(진리효과).[15] 진리로 인식하고 믿는 것이 일으키는 삶의 성숙과 변혁을 통해 진리는 스스로 진리임을 증명한다. 진리를 증명하고 지키고 싶으면 다른 누구에게 말글로 강제할 것이 아니라, 진리라 믿고 생각하는 대로 살면 된다. 진리는 말이 아니라 삶을 통해 스스로 진리임을 증명한다.

---

15 진리에 대한 기존 논의는 '진리가 무엇인가? 진리를 어떻게 인식할 수 있는가?' 하는 문제설정으로 진행되었다. 서양근대철학의 핵심 문제설정이기도 하다. 탈근대철학자들은 진리에 대한 이러한 문제설정이 역사 속에서 끊임없이 지배와 폭력의 도구가 되어 왔음을 폭로하고, 진리라는 개념 자체를 거부한다. 비트겐슈타인은 진리라는 개념에 대한 비판과 긍정이라는 구도에서 벗어나, '진리효과'라는 개념을 통해 진리에 대한 논의를 새로운 차원으로 열었다. 진리라는 관념을 철저하게 삶으로 사유하게 했다. 진리, 인식, 믿음, 실천을 모두 새롭게 재규정하고 삶의 실천으로 녹여 냈다.

5장 | 문명전환, 죽임문명에서 살림문명으로

1. 전환사건의 특징

살림살이를 소외시키는 문화는 잔인하고 일상화된 폭력문화와 서로 추동하며 전개되어 왔다. 살림살이가 무가치한 것이 된 세상에서 폭력과 죽임이 주인되는 건 당연한 결과다. 모든 것이 상품가치로 평가되는 사회에서 상품가치를 부여받지 못하는 살림살이는 고독과 우울, 불안을 상징하는 것이 되고, 선거용 상품으로 전락한다. 살림살이의 힘과 가치를 상실한 곳에 폭력과 억압, 전쟁과 기아, 조작된 욕망과 조장된 불안이 심화되는 건 너무도 당연한 결과다.

살림학은 죽임문명에서 살림문명으로 전환하는 운동이다. 반생명문화에 깊게 물든 사고방식과 생활양식을 거슬러, 생명살림과 평화 일구는 생활양식과 문화를 실천한다. 살림길 평화살이하는 삶을 설명 해석하고, 새 삶에 적합한 관념들을 생성하고, 다양한 분과학문과 관념의 성과들을 이으며 더 나은 삶을 추동한다.

삶과 역사의 큰 전환사건, 문명전환에는 뚜렷한 특징이 있다. 큰 전환사건을 두고 문명전환, 패러다임 전환, 개벽 등 다양하게 말할 수 있지만, 전환의 특징은 비슷한 구조로 나타난다. 전환의 폭이 깊고 클수록 전환사건에 나타나는 특징은 더욱 뚜렷하다. 이는 한 사람의 실존적 삶의 전환에도 같은 구조를 띠고 나타난다.

1) 인식틀(사고방식)**과 생활양식이 함께 변한다.**

인식틀과 정신의 변화가 생활양식의 변화를 이끌기도 하고, 생활양식의 변화가 인식틀의 변화를 추동하기도 한다. 상호추동하는 변화가 나타나지 않으면 파편적 변화에 머무르거나 기존체제의 구심력으로 수렴된다. 인식틀의 변화와 정신의 변화, 생활양식의 변화가 상호추동하며 함께 변하는 큰 전환사건은 기존체제와 이를 겪는 이들에게 상당한 충격이 되지만, 새 문명을 잉태하는 근원적 갱신의 계기가 된다.

2) 기존 인식틀, 범주(코드)**로는 설명할 수 없는 일이 자주 일어난다.**

이런 현상이 이어지면서 기존 인식틀이 설명능력을 잃게 된다. 기존의 인식틀과 새로운 사고틀은 서로 단절적이며 충돌을 일으킨다. 이런 현상을 '인식론적 단절'이라고 한다.[16] 인식론적 단절로 인해 전환과정은 합리적 토론과 협의로 이어지기 어렵다. 서로 다른 인식틀과 그에 연관된 사회문화적 가치들이 혼재된 상태에서 감정적 대립과 충돌이 일어난다. 우연한 사건과 겹치며 급격한 변화가 일어나기도 하지만, 주로 기존체제를 지탱하는 힘에 의해 억압되는 경우가 많다.

3) 기존체제에서 대립하던 세력들이 함께 새로운 사건을 거부하는 현상이 생긴다.

기존체제에서 대립하던 관계였지만, 실상 둘 다 기존체제의 사고틀과 그에 기반한 이해관계 속에서 같은 욕망으로 유익을 누리며 살고 있었기 때문이다. 실존적 이해관계와 욕망이 합리적 사유라는 옷을 입고 나타나는 경우가 많다. 갑과 을의 싸움이 아니라, '갑을 욕

---

16 '인식론적 단절'이라는 말은 바슐라르가 '과학의 역사는 기존 지식에 토대해 연속적으로 발전하는 것이 아니라 기존 지식과의 단절을 통해 발전한다'는 것을 분석하면서 제시한 개념이다. 알튀세르가 이를 이데올로기 비판에 적용하면서 사회과학에서 매우 중요한 개념이 되었다. 토마스 쿤도 과학혁명이 단절적으로 전개되는 구조가 있다는 사실을 밝혔다. 이들의 분석은 지식의 객관성이라는 관념에 큰 도전을 일으켰고, 사회발전 과정에서 나타나는 단절의 성격을 정치경제적 차원뿐 아니라 인식론적 차원에서도 밝혀냈다는 점에서 매우 중요한 의미를 지닌다. 그러나 이를 객관성이나 연속성을 부정하는 것으로 이해한다면 또 다른 편향으로 중요한 것을 놓치게 된다. 객관성과 주관성, 연속성과 불연속성은 음양처럼 상호교차하는 상보성으로 드러난다. 중요한 것은 인식/지식의 객관성과 연속성에 대한 과도한 편향과 환상에서 벗어나 역동적 균형인 상보성에 기반해 사유하고 실천하는 것이다.

망하는 을'과 '갑'이 대립하는 것이다. 갑의 욕망을 비판하는 것처럼 보이는 을도 사실은 같은 욕망을 갖는다. 전환의 폭과 깊이가 큰 사건일수록 감춰져 있던 속내와 욕망을 드러내는 힘이 있다. 기존체제의 사고틀과 문제설정의 허구성이 드러나는 것이다.[17]

4) 기존 권위체계의 허상이 드러나고, 역사 재평가 작업이 벌어진다.

기존체제 안에서의 진보든 보수든 마찬가지다. 합리적으로 생성되고 유지되는 듯한 기존 인식틀과 권위체계가 사실은 합리성만이 아니라 일정한 강제(권력작용)와 집단적 이해관계에 기반한다는 사실이 폭로된다. 기존 인식틀은 설명력을 잃고, 그에 기반한 권위체계는 허상이 드러나며 설득력을 잃는다. 기존체제가 생명력을 다하고 새

---

[17] 서로 적대 상태였던 일본과 조선의 통치자들이 하나되어 동학운동이라는 새로운 사건을 공격했던 것은 이를 매우 잘 보여 주는 사건이다. 예수사건이라는 새로운 패러다임 앞에서 기존체제의 보수였던 사두개파와 진보였던 바리새파가 함께 예수를 죽였다. 지역/학벌/국가권력 문제를 동시에 넘어서려고 했던 노무현 사건 앞에서 당시 진보와 보수가 함께 노무현 대통령을 탄핵하려 하고 결국 죽음으로 내몰았다. 분단체제에서 서로 대립하는 세력들이 실상 분단체제 자체를 극복하려는 움직임을 함께 거부한다. 죽임의 문명 속에서 서로 적대하고 대결하지만, 전쟁과 폭력에 기반한 안보 패러다임을 극복하고 생태적 삶에 기반한 새로운 평화를 실천하려는 운동(반전반핵, 대량살상무기 폐기, 군비축소, 비무장지대 확장, 영세중립 등)은 함께 거부한다.

로운 가치질서와 혼재되며 큰 전환이 발생한다.

5) 새로운 삶과 문명, 패러다임을 체화하는 새로운 주체가 생성된다.

기존체제에서 주체를 양성하는 방식이나 요건을 따르지 않고, 주체를 생성하고 규정하던 권위를 상대화시킨다. 기존 가치질서가 생명력을 다했어도 새로운 가치질서와 혼재되는 시간이 상당히 이어진다. 기존체제의 힘이 여전히 작동하는 현실에서도 새로운 가치질서의 여명을 포착하는 이들이 나타난다. 대부분 그것을 잠깐 맛보고 이내 여전한 기존 가치질서의 구심력으로 되돌아가지만, 그 여명을 따라 담대히 아침 길을 걷는 이들이 있다. 이들을 통해 새로운 주체가 생성된다. 새로운 주체는 기존체제의 강제와 억압, 배제와 소외를 겪지만 오히려 이를 통해 주체역량을 키워 간다.

새로운 주체는 기존체제에서 요구하는 주체의 요건, 범주와 무관하게 새로운 주체의 요건을 스스로 만들고 그에 맞는 덕목과 역량을 키우고 실천하면서 주체적으로 생성된다. 기존체제의 분절된 인식틀에 의해 맞춰지고 길들여져 호명된 주체가 아니다. 전환사건을 함께 겪으며 새로운 인식틀과 생활양식을 함께 만들고 실천하며 생성해 가는 주체다. 이로 인해 이론과 실천, 개체성과 관계성, 자유와 평등이라는 관념적 대립항을 전환의 삶에서 하나된 사건으로 경험하며 생성된다. 이런 특징으로 인해 기존체제의 문제설정과 대립항들이 새로운 주체들에게는 큰 문제가 되지 않는 경우가 많다. 이미 있는 체제의 가치질서에 길들이는 학습으로 만들어지는 주체가 아니라 새로운 가치질서를 스스로 함께 만들며 생성되는 주체이기 때문이다.

2. 탈주와 생성

새로운 삶을 향한 전환은 기존체제에서 작동하는 지배의 힘에서 탈주하는 것으로 시작한다. 자본, 학벌, 부동산 등 시대우상에 길들여진 '호명된 주체', 대중문화권력에 물든 '일차원적 인간'으로 사는 삶에서 벗어난다. 지배받는 것이 오히려 익숙하고 편한 '내적 파시즘', 불의와 불평등으로 구조화된 왜곡된 체제를 도덕적으로 지탱시키는 '노예도덕'에서 탈주한다. 증오와 갈등을 재생산하는 분단체제, 폭력으로 평화를 만든다는 제국평화의 거짓을 거부한다. 지구공동체를 훼손하는 인류가 빠져 있는 오만하고 탁한 영광에서 벗어난다. 살림살이를 잃어버린 지식과 권력이 쌓아 올리는 바벨탑에서 탈주한다.

알튀세르는 자본주의 사회를 살아가는 대중은 국가, 학교, 대중문화, 군대 등의 '이데올로기 국가기구'를 통해 자본이 원하는 주체로 길들여지며 호명된다는 것을 분석했다. 마르쿠제는 자본주의 대중문화에 길들여져 비판적 사고능력과 주체성을 상실한 존재를 일차원적 인간이라 부른다. 라이히는 파시즘에 작동하는 대중심리를 분석하는 작업을 통해, 억압을 느끼지 못한 채 오히려 대중이 자기 욕망과 열망으로 지배받는 것을 선택하는 집단 사회심리 현상을 내적 파시즘이라 규정했다. 니체는 소외되고 억압당하는 자들의 체념적 삶에 도덕적 의미를 부여해 권력의 지배를 도덕적으로 정당화하는 역할을 하는 것을 노예도덕이라 규정하고 비판했다. 이들은 모두 일상화된 권력의 지배방식을 분석하고, 왜 탈주가 필요한지, 어디서 어떻게 탈주해야 하는지를 일관되게 강조한다.[18]

죽임의 문명, 생기 잃은 옛 삶에서 탈주하는 것은 새 삶을 생성함으로써 열매 맺는다. 새로운 생성으로 이어지지 않는 탈주는 한때의

---

18 이들의 작업은 서양근대문명이 인류에 강제한 정신과 문화, 그 권력작용이 얼마나 심각한 문제를 지니고 있는지를 정직하게 분석하고 해체시키는 작업이다. 탈주와 해체전략의 정교함에 비해 생성전략이 부족한 것은 이런 진보이론이 지닌 공통된 한계다. 하지만 그들 사회의 과제, 서양문명이 인류를 향해 저질렀던 지배와 폭력의 역사와 문화를 생각할 때, 탈주와 해체에 철저하게 집중하는 것은 어떤 면에서 당연하고 정직한 일이다. 이들에게 도움받을 것은 바로 그들이 강제했던 문명의 실패를 분석하는 정교함과 은폐된 자본의 권력작용이 얼마나 일상적이고 전면적으로 작동하는지를 분석하는 정교함이다. 어차피 생성전략과 대안은 그들에게 기대할 게 아니다. 자기 삶터를 살아갈 주체들의 몫이다. 문제는 그들의 역사적 맥락에서 탈주와 해체에 집중된 이론을 비주체적으로 받아들임으로써 생성전략 자체를 외면하거나 가볍게 여기는 현상이다. 우리 사회문제의 처방과 대안까지도 그들에게 과도하게 의존하려는 지식문화를 극복하고, 주체적으로 생성전략과 대안을 모색하고 실천해야 할 것이다.

꿈으로 사라져 체념을 강화하거나 탈진의 굴레에 빠지게 한다. 탈주에는 성공하지만 새로운 생성을 이루지 못하는 경우가 많다. 탈주와 생성은 이어지는 하나의 과정이라는 사실, 탈주와 생성은 그 지혜와 전략이 서로 다르다는 것을 인식하지 못하기 때문이다. 그리고 탈주를 이루어 낸 기운을 갈무리하지 못해 생성에 쓸 힘을 씨알로 남겨 두지 못했기 때문이다. 탈주의 강렬함에 과하게 사로잡히면 생성의 필요를 느끼지 못하고 때를 놓치게 된다. 탈주와는 성격이 다른 생성전략이 필요함을 알게 되어도 이미 체념에 사로잡혀 무거워진 몸의 현실을 직면하게 된다.[19]

탈주와 생성은 하나로 이어지는 사건이지만, 서로 다른 지혜와 전략이 필요하다. 탈주는 양(陽)의 발산하는 힘이 큰 역할을 하지만, 음(陰)의 수렴하는 기운이 없으면 새로운 생성을 잉태하지 못한다. 탈주는 비판적 사고와 실천만으로도 가능하지만, 포용과 사랑을 겸비하지 못한 비판 역량은 생성의 기운까지도 가로막는 가시가 된다. 탈주는 순간일 수 있어도, 생성은 지속의 힘을 필요로 한다.

---

[19] 들뢰즈는 기존 삶의 지배권력이 짜놓은 가치질서를 가로질러 탈주의 선을 그리는 것을 강조했다. 배치를 바꾸고 '재영토화'해서 새로운 삶을 생성하기도 하고, 규정된 틀 자체를 벗어나는 탈주 선들이 만나 새로운 가치질서를 생성하기도 한다. 그러나 탈주 자체는 새로운 삶을 위한 첫걸음이지, 더 나은 삶을 담보하는 것은 아니다. 탈주가 새로운 접속에 실패하거나 재영토화 과정에서 또 다른 억압이 생성될 수도 있다. 탈주는 파국을 앞당기는 위험을 품고 실천하는 생명의 도약이다.

탈주는 의식하지 못한 물리적 인과에 의해 우연한 듯 일어나기도 하지만, 생성은 주체의 자각과 주체역량이 중요한 역할을 한다. 주체적 지향이 때에 맞게 작동하지 못하면, 탈주의 성과뿐 아니라 우연한 탈주가 만들어 낸 기회조차 껌벅하고 사라져 버린다. 탈주는 혹 홀로 할 수 있어도, 생성은 함께해야 가능하다. 탈주는 분과적 실천만으로도 가능하지만, 생성은 분과적 실천을 넘어서는 통전적 실천을 필요로 한다. 이는 이론적으로 요구되는 문제가 아니다. 삶 자체가 관계 사건이기 때문이다.

탈주와 해체는 삶의 진보를 위해 반드시 필요한 전략이지만, 생성을 함께 사유하지 못하면 삶과 관념의 일관성을 지닐 수 없게 된다. 탈주와 해체를 철저하게 강조하면서도, 먹고 살고 일하는 자기 일상의 삶은 끝없이 생성으로 이어지고 있다는 엄연한 사실을 망각해서는 안 된다. 탈주와 해체에 머물러 있는 이론은 비판적 사유의 정교함과 통쾌함을 극대화할 수는 있어도, 삶과 관념의 순환이라는 맥락에서는 일관성을 지닐 수 없고 무기력해진다. 탈주와 해체를 철저하게 밀고 가면 자기붕괴로 귀결되거나, 삶과 관념의 괴리라는 기만이 일상화될 위험이 커진다.

자본, 학벌, 부동산, 지식권력, 생체권력 등 시대우상에 대한 철저한 탈주와 해체를 말하지만, 실제 일상 삶에서는 시대우상을 따라 사는 삶이 양산된다. 일상 삶을 재구성하는 생성전략이 없기 때문에, 먹고 입고 자고 놀고 일하는 일상 삶, 결혼 임신출산 육아 교육이라는 일상 삶에서는 자본의 힘에 속수무책이 된다. 자본으로 대표되는 권력작용이 가장 효과적으로 작동하는 지점은 책상 위가 아니라 지극히 일상적인 삶의 현장이다. 그나마 일상 삶에 기반한 다양한 실천들이 시도되어도, 생성전략이 없어 분과적 실천에 갇히게 된다.

자본의 지배작용을 비판하는 지식운동이 상징자본과 학벌에 의존하게 된다. 국가권력의 지배를 비판하는 이론과 운동이 국가나 기업의 지원 없이는 존속 자체가 불가능한 상태로 길들여진다. 백성(民)의 주체적 자발성을 중심으로 해야 할 마을운동이 국가와 기업의 지원에 길들여져 민의 주체역량 자체를 잃어버린다. 진보 지식과 운동 의제가 지식시장에서 유행상품이 되어 유통된다. 반자본을 표방하는 이론들이 지식시장의 유행상품으로 유통되며, 오히려 지식시장에서 작동하는 자본증식에 복무하는 도구가 된다. 생태를 표방한 운동이 오히려 생태를 상품화하는 일에 앞장서기도 한다. 농도상생(農都相生)의 생명문화를 표방한 운동이 유통 자본화되어 경제주의에 갇히게 된다.

이런 현상들은 생성전략 없는 탈주와 해체, 분과적 실천이 맞게 될 운명이다. 생성에 대한 사유와 실천이 빠질 수 있는 위험을 늘 깨어 경계하면서, 탈주와 생성을 함께 사유하고 실천하는 것이 중요하다. 하늘 땅 생성변화, 생명현상 자체가 탈주와 생성이 되먹임(순환)하는 과정이기 때문이다.

3. 현실문제와 근본문제

삶의 모순은 중층적으로 얽혀 있다. 당면한 현실모순과 다양한 현실모순을 만들어 내는 근본모순이 얽혀 있다. 따라서 당면문제에 갇히게 되면, 밑 빠진 독에 물 붓는 격이 된다. 근본모순을 만드는 지배적 힘에 길들여지기도 한다. 열심히 할수록 체념의 늪에 가까워질 수 있다. 반면, 당면문제를 외면하고 근본문제만 주목하는 것은 관념적 진보의 무책임한 모습이다. 근본문제는 아직 현실로 드러나지 않았기 때문에 주로 관념 속에서 포착된다는 특징이 있다. 그래서 현실과제를 가볍게 여기거나 당면한 실천을 외면하고 근본모순을 다루는 관념에 갇혀 있을 위험이 있다.

당면한 현실과제를 위한 실천은 우연한 계기를 통해, 어느 정도의 관심만 있어도 시작할 수 있다. 무엇을 할 것인가도 비교적 뚜렷하고, 일상에서 쉽고 다양하게 실천할 수 있다는 특징이 있다. 그러나 근본문제에 대한 실천은 다양한 현실문제의 이면에서 작동하는 힘을 분석하고 이해하는 일이 요구된다. 지배의 근본적 힘은 겉으로 드러나는 게 아니다. 보이지 않는 구조적 힘으로 작동하거나 매우 미시적인 차원에서 작동하기 때문에, 다양한 비판적 사고능력이 힘을 모으고 그 분석의 성과들을 함께 공유하고 학습하는 과정이 중요해진다.

이렇게 서로 다른 특징들로 인해 현실문제를 위한 실천과 근본문제를 위한 실천을 대립적인 실천으로 오해하는 일이 자주 발생한다. 서로 다른 특징을 과도하게 규정해서 비판하거나 업신여기는 일이 생기게 된다. 당면한 현실문제와 근본문제에 대한 실천은 함께 모색되고 지혜롭게 역할을 분담하며 실천되어야 한다. 새로운 삶을 생성하는 전환은 현실문제에 대한 당면한 실천과 당장 직면하기 어려운 근본문제에 대한 이해와 학습, 장기적 실천이 하나로 이어지는 이행과정이다.

유행과 과소비에 물들지 않은 절제된 소비생활을 실천하는 것은 자본증식의 속도를 늦추는 당면한 실천으로서 의미가 있다. 자본의 무한 자기증식의 힘과는 다른 힘, 서로 살리며 더불어 사는 힘이 작동하는 새로운 삶의 관계망, 살림터(마을)를 만드는 운동은 근본문제를 풀어내는 중요한 실천이다. 당면한 현실문제에 대한 일상적 실천과 근본문제에 대한 장기적 대응을 하나의 전환과정으로 이해하고, 이를 이행과정에서 주체적으로 함께 모색하고 실천하는 것은 새로운 삶을 생성해 가는 매우 중요한 이행전략이다.[20]

---

20 에너지 자원을 아껴 쓰는 운동, 저임금 노동자들의 노동인권을 보호하고 노동환경을 개선하는 운동, 쓰레기를 줄이고 지구를 보호하는 실천 등은 현실문제에 대응하는 의미 있는 실천운동이다. 이러한 다양한 현실문제를 일으키는 근본원인은 자본의 무한 자기증식 욕망에 있다. 저임금 비정규직 노동을 양산하는 신자유주의 경제체제가 일으키는 현실모순에 저항하는 운동과 그 체제의 모순을 주체적으로 활용하며 살아갈 수 있는 삶의 근본적인 전환을 만들어 내는 운동을 함께 모색하는 것이 중요하다. 이는 사람을 노동상품으로 대하지 않는 새로운 삶의 관계망(살림터/마을), 생태계를 만드는 운동이다.

새로운 삶을 사유하고 실천하는 길에는 더 깊은 자기성찰이 따른다. 논리적인 측면에서 보자면, 보수는 있는 것 중에 좋은 것을 지키자는 것이고, 진보는 아직 없는 어떤 것을 주장하는 것이다. 따라서 진보는 자기가 표방하는 말과 삶의 괴리가 늘 더 커질 수 있다. 진보가 더 철저하게 자기성찰을 해야 하는 이유다. 이런 맥락에서 역사는 늘 진보에 더 깊은 성찰과 도덕성을 요구해 온 것이다. 이는 공평하지 않은 부담으로 느껴지기도 하지만, 진보적 가치와 실천이 역사를 추동하는 도덕적 힘을 지니고 있다는 것을 보여 주는 것이기도 하다.

6장 | 새로운 살림주체, '장(場)/사이(間) 주체'

1. 분절적 사고와 개체화 속에 작동하는 지배작용

삶의 관계성을 분절당한 개체는 반생명의 힘에 의해 분절당하고 배치된 것이기에 시대우상, 대중문화권력에 쉽게 길들여진다. '분리해서 지배한다'는 것은 다양한 역사 속에서 일관되게 효과를 발휘한 지배전략이다. 분절된 개체, 실체적 개인주의의 뿌리가 되는 '선험적 주체'라는 것은 관념 속에서만 존재하는 가상의 존재다.

선험적 주체는 데카르트와 칸트로 대표되는 근대철학의 핵심 관념이다. 선험적 주체를 설정한 것은 인식의 보편타당성과 정교성을 확보하려는 의도에서 기획된 것이다. 인식의 가능성을 인간 이성 자체에서 스스로 확보하고자 한 근대정신의 중요한 기획이었지만, 이는 내적으로 붕괴될 수밖에 없는 기획이다. 선험적 주체는 주체와 대상의 분절을 전제하게 되는데, 그러면 인식한 것이 대상과 일치하는지를 검증하고 보장할 수 있는 제3의 존재를 필요로 한다. 그 검증자를 다시 검증할 또 다른 존재를 필요로 하며, 이는 무한 반복되는 늪에 빠지게 된다. 무엇보다 선험적 주체, 어떤 경험에도 영향받지 않는 순수한 인식주체, 관계로부터 독립된 실체적 개인이라는 것

은 실제 삶에서는 존재하지 않는다.[21]

'대상세계를 구성하는 선험적 주체(구성하는 주체)'라는 관념은 서양근대철학 인식론의 핵심 관념이다. 끊임없이 생성변화하는 인식과정에서 명확하고 분명한 인식의 가능성을 사유하기 위해 인식주체와 대상을 분절시키고, 인식주체를 중심으로 인식과정의 시간성을 방편적으로 분절시킨 이성의 결과물이다. 그런 방편적 조건에 국한해서 볼 때, 인식대상은 인식주체가 구성하는 세계가 된다. 그러나 실제 삶에서 작동하는 인식과정을 이해하고 실천하기 위해서는 관념 속에 방편적으로 설정한 것들이 있음을 기억해야 한다.

선험적 주체라는 관념은 분절적 사고와 문화의 토대가 되어 생명의 관계성을 훼손할 위험이 커진다. 무엇보다 이런 근대이성의 기획이 지닌 위험성은, 선험적 주체를 토대로 지식의 보편타당성을 확보하려는 열정이 진리를 규정하고 점유하려는 욕망으로 이어진다는 점

---

21 칸트의 인식론은 선험적 주체라는 개념 설정의 문제가 있지만, 인식과정 자체만 놓고 볼 때는 인식과정을 매우 정교하게 분석했다는 성과가 있다. 선험적 주체로 상정되는 가상의 주체를 빼고, 인식과정 자체를 분석하는 데 있어서 칸트의 분석에 덧붙일 것은 없다고 본다. 현상학으로 이어지는 이후 인식론은 칸트 인식론의 기본틀을 크게 벗어나지 않는다. 정교하게 가다듬고 보충하는 작업이다. 물론 메를로 퐁티처럼 획기적인 변화가 있기도 했는데, 이는 인식주체가 생성되는 관계성에 주목하고, 인식주체의 성격을 관념적 이성에 갇히지 않고 '지각하는 몸'으로 전환한 데서 온 것이다. 선험적 주체라는 가상의 존재, 독립된 실체적 개인이라는 설정을 비판하고, 관계로서의 주체를 토대로 기존 인식론의 정교함을 계승했다.

이다. 보편타당하고 객관적인 지식에 대한 근대 계몽이성의 열망은 분절적 사고방식과 맞물려 너무도 빨리 지식권력으로 전락했다. 하늘 땅 온생명 생태계에 대한 폭력을 정당화하고, 제국주의의 사상적 토대가 되었다.

    니체와 푸코는 서양근대철학의 주체와 진리에 대한 문제설정 이면에 작동하는 이러한 힘/욕망을 밝히고 비판했다. 서양근대철학이 '순수하고 객관적이고 보편적인 사고능력을 지닌 주체'에 집착하는 것은 그런 주체가 인식한 진리를 보편적이고 객관적이고 절대적인 진리라고 규정하려는 욕망 때문이다. 이렇게 진리를 점유하게 된 계몽이성은 새로운 권력과 지배의 도구가 되었다. 계몽된 서구인들이 계몽되지 못한 비서구인들을 지배하는 것은 인류를 계몽시키는 계몽이성의 사명을 수행하는 것으로 합리화되는 것이다. 동서양을 막론하고 모든 제국주의는 이런 논리로 폭력과 지배를 정당화한다.

2. '장(場)/사이(間) 주체'

주체와 대상의 분절, 시간의 분절, 분절된 실체적 개인은 실제 삶에는 존재하지 않는다. 방편적으로만 경험할 수 있다. 시간을 분절하는 것은 시간을 공간화하는 것이다. 생철학으로 대표되는 베르그송은 분절적 사고, '시간의 공간화'가 생명을 사유할 수 없는 서구철학의 전형적인 사고의 오류라고 비판한다. 인식과정을 포괄하는 더 넓은 삶의 맥락에서 보면, 모든 주체는 맺고 있는 관계의 장(場) 속에서 이어져 존재하며 인식작용을 한다.

다양한 힘이 어우러져 흐르는 관계의 장이 주체를 생성하고(생성되는 주체), 그 주체는 일정한 방편적 분절 속에서 인식대상을 구성한다(구성하는 주체). 장이 주체를 생성하고 주체가 장을 생성변화시키는 순환과정이 이어지며 일정한 흐름의 결이 생기고 그 과정에서 '공동감각'이 생성된다. 이 공동감각은 인식이라는 영역을 넘어 통전적 삶의 순환에 기반해 생성되기 때문에 말글(언어), 생활문화와 습속, 인식과 감성 등이 얽혀 작동하는 감각이다. 삶과 인식의 순환과정을 함께 온몸으로 겪으며 생성되는 이러한 주체, 생활문화와 습속이 얽힌 '공동인식과 감성'을 지닌 주체를 '장(場)/사이(間) 주체'라 한다.

이러한 주체의 공동인식과 감성, 믿음과 삶을 통해 그 살림터에 고유한 언어가 생성되고 의미를 갖게 된다. 삶터에 고유한 생활양식과 문화가 생성된다. 살림터마다 고유한 언어와 생활양식, 문화가 만들어지는 것은 '장(場) 주체'가 생성되고 주체작용이 이루어지는 당연한 현상이다. 살림터의 고유한 언어, 생활문화가 만들어지지 않는 것이 오히려 주체작용이 없다는 뜻이다. 한 시대와 문화를 지배하는 힘에 길들여져 획일화된 결과다.

동북아 사유는 언제나 하늘 땅 사람 서로 살리는 관계의 장과 힘(氣), 몸을 중심에 두는 '몸철학', 유기적 관계성을 떠나지 않았다. 인식과 감성, 몸과 마음, 하늘 땅과 사람을 항상 기(氣)의 관계작용으로 사유했다. 하지만 서양철학사에서 지성과 감성이 얽힌 몸의 관계작용(지각), 자아와 타자가 얽힌 장을 중심에 두는 사유는 매우 드물고 낯설다. 서양현대철학의 획기적인 전환은 바로 이런 뿌리 깊은 한계를 넘어서는 작업을 통해 이루어진다.

메를로 퐁티는 '지각의 현상학'을 통해 이성의 작용 안에 갇힌 인식을 넘어, 지성과 감성이 통전된 몸의 지각을 강조한다. 이성으로 제한당했던 몸의 통전성을 회복하고 주목한다. 몸은 지성과 감성이 얽혀 있고, 다양한 생활세계와 얽혀 존재한다. 몸의 지각은 자아와 타자의 경계가 뚜렷하지 않고, 타자와 얽혀 있는 사이(間), 관계의 장(場)에서 작용한다. 이런 맥락에서 '지각하는 주체'는 '장(場)/사이(間) 주체'가 된다.

비트겐슈타인 또한 '언어놀이의 장'을 통해 언어와 비언어적 생활양식이 얽힌 생활세계(살림터)에서 만들어지는 공동인식과 공동감성을 강조한다. 이러한 공동인식과 감성을 지닌 주체는 이미 분절된 개체로서의 주체가 아니다. '장(場)/사이(間) 주체'인 것이다.

화이트헤드가 플라톤과 칸트 철학을 넘어서는 지점도 바로 몸을 중심으로 이성을 재구성하는 데 있다. 몸 작용에서 구별된 이성이 아니라, 순수이성과 실천이성을 모두 몸 작용으로 설정한다. 이성의 기능은 더 잘 사는 삶을 위한 문명의 모험을 감행하는 능력으로 새롭게 강조된다.

3. 변혁적 실천과 수행하는 삶

하늘 땅 온생명이 서로 살리며 더불어 사는 존재라는 깨달음, 삶 자체의 관계성과 통전성을 깨닫고 익히는 것이 살림문명을 일구는 새로운 주체의 요건이다. 새로운 주체는 삶의 유기적 관계 속에서 서로 생성변화를 추동하고 영향을 주고받는 관계로서의 주체인 '장(場)/사이(間) 주체'다. 살림터를 함께 일구며 서로 살리고 비추고 추동하는 관계작용으로서의 살림주체다.

이러한 장(場) 주체로 사는 삶을 '한몸살이'라 한다. 살림학은 살림과 평화를 구현하는 살림터(장/구조)에서 생성되는 한몸된 주체인 동시에, 살림터(장/구조)를 변화시키는 힘으로서의 주체, 장(場) 주체를 생성하는 운동이다. 개체성과 전체성, 주체의 입자성과 힘의 파동성이 역동적으로 어우러지는 새로운 주체다.

구조의 규정성을 강조하는 구조주의와 주체의 구성작용을 강조하는 현상학(주체철학)은 서로 다른 문제설정에서 대립적으로 흘러왔지만, 후기 구조주의(역사적 구조주의)와 후기 현상학(몸 현상학)에서 서로 만난다. 주체를 생성하고 둘러싼 구조의 규정력을 중시하면서도, 시대와 문화마다 다른 구조가 존재하고 구조가 변한다는 엄연한 사실을 함께 이해하는 것이 중요하다. 구조를 변화시키는 힘을 사유하는 것은 그 힘을 담지하는 주체, 그 힘을 극대화하는 주체작용에 대한 새로운 사유를 필요로 한다. 구조(장場)와 주체, 구조와 힘이 관념 속에서는 서로 대립하지만, 실제 몸이 작용하는 삶(장場)

에서는 상보적으로 작용한다. 한몸으로 작용하는 살림터(생활세계)는 몸과 마음, 음양(陰陽)이 늘 상생상극하며 흘러간다.

살림학은 수행하는 일상 삶에 뿌리를 두고 변혁적 실천을 함께하는 새로운 살림주체를 생성하는 운동이다. 반생명문화의 힘을 거스르는 생활양식과 세계관을 만들고, 교육과 연구, 수행과 실천이 어우러지는 새로운 주체를 생성한다. 살림살이(삶)에 뿌리내린 수행과 실천으로 몸의 일상적 중용을 실현해 가는 살림주체다. 성찰 없는 변혁은 자멸에 빠지거나 또 다른 지배를 낳는다. 삶을 변혁하는 실천 없는 성찰은 체념이 덧입은 정신의 사치가 된다.

역사에 새로움을 도입한 운동들은 새로운 정신적 가치와 관념을 창조하고, 역사변혁과 생활양식의 전환을 함께 도모했다. 이 모든 과정에서 주체의 깨어 있음을 위한 수행하는 삶이 늘 함께 실천되었다. 이 땅에서 생성된 동학운동의 역사적 가치는 단순히 인내천(人乃天)과 같은 관념에 있는 것이 아니다.[22] 유불선과 서학의 정

---

[22] 동학운동을 창시한 수운은 자기가 깨닫고 가르치는 종지를 시천주(侍天主)라고 했다. 인내천(人乃天)은 3대 교주 손병희에 의해 제시된 개념이다. 물론 수운과 해월의 가르침 속에도 그 뜻이 담겨 있지만, 시천주를 대체하는 어떤 것일 수는 없다. 시천주 없는 인내천은 서양근대철학의 인간중심주의로 돌아가는 것이다. 동학의 가치를 이론적으로 성찰할 때, 지식인 사회에 뿌리 깊게 자리 잡은 근대적 사고의 한계를 주의해야 한다. 인내천의 깨달음은 반드시 시천주와 함께 이해되고 실천되어야 한다. 시천주(侍天主)와 양천주(養天主)가 하나의 깨달음이고 실천인 것처럼 말이다. 엄연히 균형 있게 제시된 가르침을 자기 이해관계와 시대적 조류의 편향에 맞춰 배제하는 우를 범하지 말아야 한다.

신적 가치를 창조적으로 수렴했다는 점, 당대의 가장 절실했던 역사적 실천과 문명개벽의 과제를 수행하는 삶에 뿌리를 두고 실천했다는 점에 있다. 정신개벽과 물질개벽이 동시에 이루어지는 '다시 개벽'은 깨어 있는 주체의 수행하는 삶과 사회문화적 실천을 통해 함께 이루어진다.

생각과 관념은 몸과 일상에서 떠나 쉽게 허상에 빠진다. 허상에 복잡한 이론체계를 입히면 헤어 나오기 어려운 관념의 늪이 된다. 우주 생성변화와 맥을 같이하는 소우주인 사람의 오장육부가 일으키는 몸 작용과 살림살이를 외면한 채 쌓아 올리는 이론과 학문은 생명살림과 평화에 이바지하기 어렵다. 하늘 땅 사람 생성변화하는 힘 작용을 통전해서 구성하고, 이를 사회적 관계와 실천에 적용하고, 나아가 사람의 몸 오장육부에까지 일관되게 적용해서 생명살림을 이해하고 실천하는 것은 이런 맥락에서 매우 탁월한 인류의 지혜라 할 수 있다.

  살림살이에 뿌리내린 생각과 관념은 마냥 허공을 떠돌 수 없다. 살리고 돌보는 생명사건, 살림살이가 늘 몸과 일상에 있기 때문이다. 살림주체는 하늘과 땅, 우주와 지구, 별과 세포, 정의와 평화를 생각하면서도 몸이 뿌리내린 살림살이라는 일상을 떠나지 않는다. 이를 토대로 자본과 권력에서 자유로운 지식생태계, 살림생태계를 만든다.

7장 | 생명살림의 근본 관계망, 살림생태계

1. 살림살이, 하늘땅살이

일상 삶의 살림살이에 뿌리를 두고, 하늘땅살이하는 삶을 사는 것이 모든 생명살림과 평화의 뿌리다. 하늘땅살이는 하늘 땅 안에서 사람이 행하는 모든 생명살림을 일컫는다. 그중에 가장 근본되는 것이 농(農)이다(농자천하지대본 農者天下之大本). 농(農)은 농사, 농업만을 일컫는 게 아니라 생명살림의 근본을 말하는 것이다. 논밭에서 생명을 살리는 것을 농사라 했고, 집안 생명을 살리는 것을 자식농사라 했다. 이런 맥락에서 농農(살림, 생산)을 하늘땅살이라고 한다.

하늘땅살이는 하늘 땅 사람 온생명 더불어 살리며 사는 생태적 삶이다. 농農(살림, 생산)의 가치를 중심에 두고 노동, 경제, 교육, 복지, 문화 등 다양한 삶의 영역을 재구성하는 살림살이다. 사람(생명)이 하늘 땅에서 분리되면 생명으로 살 수 없다. 생명을 상품으로 만드는 힘에 무기력해지고, 지구공동체의 다양한 생명을 파괴하는 힘에 길들여진다. 살림살이를 가치 없게 여기고, 살림, 생산, 농어촌을 소외시키는 문화를 만든다. 하늘땅살이는 농農(살림, 생산)의 가치를 회복하는 생태적 삶이고, 농촌과 도시가 서로 살리는 농도상생(農都

相生) 마을공동체를 일구는 운동으로 구체화된다.23

2. 생체권력과 생태백신

하늘 땅 사람이 서로 살리는 생태적 삶이 파괴되면, 미세먼지와 미세플라스틱, 기후위기 등 지구공동체 전체를 위협하는 사건을 불러일으킨다. 최근 인류가 함께 신음했던 코로나19 바이러스 사건도 생태계 파괴가 불러온 사건이다. 이러한 사건을 거치며 화학백신과 치료약에만 의지할 수 없음을 확인했다. 충분한 임상시험 없이 개발된 약과 백신을 정책적으로까지 강제하는 것은 매우 위험한 일이다. 아무리 불가피한 상황이라도 약과 백신에 대한 자율적인 선택권은 명확히 보장되어야 한다. 오히려 그 과정에서 제약회사의 의료자본과 국가권력이 결합한 '생체권력'이 목숨을 담보한 약장사와 백신패스

---

23 농도상생 마을공동체는 농촌마을과 도시마을이 서로 살리는 관계와 생활양식을 만들고 더불어 사는 삶이다. 유기농 생활협동조합(생협) 운동은 '농도상생'이라는 말을 대중화하는 데 큰 역할을 했다. 생명을 살리고 농촌과 밥상을 함께 살리는 매우 의미 있는 운동이다. 이러한 기존 생협운동의 성과를 토대로 경제적 유통과 조합운동을 넘어 생명살림터인 마을을 생성하고 일구는 운동으로 이어가는 것이 생협운동의 본래 가치를 구현하고 한 단계 성숙시키는 길이 될 것이다. 농촌과 도시의 연대는 경제적 유통을 위한 연대를 넘어 삶의 통전성으로 확대되고, 그 관계의 성격도 소비자와 생산자 간의 연대를 넘어 부모 자식 간의 연대로 깊어지는 것이 필요하다. 그렇지 않으면 도시 소비자의 취향에 따라 농촌 생산이 결정되고, 도시 소비자가 농촌 생산자를 관리 감독하며 유통 자본화되는 한계를 넘어서기 어렵기 때문이다. 유통에서 삶으로, 조합에서 마을로!

와 같은 형태를 띠고 전면적으로 작동한다는 것을 보여 주었다. 푸코와 아감벤 등 현대사회에 나타나는 권력의 지배작용을 분석하고 비판하는 학자들은 사람의 몸을 직접 통제하고 지배하는 권력작용인 생체권력이 가장 주요한 권력의 지배방식으로 작동할 것이라 분석하고 비판했다.

생체권력은 국가권력의 정책적 강제성과 자본의 욕망조작이 맞물린 매우 큰 구조적 힘인데, 그 작동방식은 매우 일상적인 미시권력 형태로 작동한다. 생체권력은 이미 일상의 삶에서 다양한 방식으로 작동하고 있다. 정신병리학과 법의학이 결합된 전통적인 지식-생체권력의 작동방식뿐 아니라, 반생태적 삶이 만들어 내는 수많은 문명의 병들도 생체권력이 사람의 몸 깊숙이 작동하는 현상이다. 생체권력은 백신패스와 같은 보건의료 정책으로 강제성을 띠고 작용하기도 하지만, 대부분의 경우 일상의 미시권력 현상으로 작동하기 때문에 권력작용 자체를 깨닫기 어렵다는 특징이 있다. 문제의식 자체를 느끼기 어려운 것이다. 건강상품의 홍수, 출산율을 통제하는 인구정책, 도시-농촌 재개발사업을 통한 인구재편정책 등 다양하게 변모하는 새로운 생체권력 작용에 대처할 수 있는 삶이 필요하다.

특히 주거, 일, 소비 등이 이루어지는 일상 삶의 시공간을 재편하고 지배하는 생체권력 작용에 대처하기 위해서는 그 힘과는 다른 힘으로 생성되는 새로운 일상 삶의 시공간을 만들어 내는 것이 매우 중요하다. 시간과 공간에 대한 주체성을 상실하면, 몸이 직접 지배를 당하지 않아도 지배의 힘 속에서 살게 된다. 주체된 삶을 산다는 것은 관념이 아니라 몸의 일상을 구성하는 시공간을 주체적으로 만들어 가는 것이다. 삶이 변한다는 것은 삶이 펼쳐지는 시공간이 변하는 것이다. 새로운 삶은 새로운 시공간으로 펼쳐지고, 그렇게 펼쳐진 시공간을 공유하며 흐르는 다양한 힘들이 서로 살리며 작동하는 관계의 장이 생명살림터인 마을이다.

다양한 국가정책과 자본이 결합해 작동하는 생체권력에 길들지 않는 주체적 삶은 이러한 생태적 삶을 지탱하고 재생산할 수 있는 관계망인 마을생태계, 살림생태계를 만드는 삶으로 이어진다. 살림생태계에 뿌리내릴 때 생체권력으로 대표되는 미시권력 작용에 휘둘리지 않을 수 있다. 하늘 땅 온생명 서로 살리는 생성변화 원리와 몸에 대한 이해력, 이러한 양생의 도를 실천하고 자연치유력을 증진시키는 생태적 생활양식을 만드는 것이 곧 생태백신이다.

3. 한몸살이, 두레, 울력, 품앗이

한몸살이(공동체)라는 관계양식과 서로 살리는 힘을 기초로 두레살이와 마을살이로 구체화하는 길을 간다. 한몸살이는 생명을 살리고 평화 일구는 삶의 가치와 얼을 공유하고 서로 살리며 더불어 사는 한몸된 삶이다. 삶터에서 소통되는 말글, 생활문화, 습속 등이 어우러져 생기는 공동인식과 감성을 통해 생성되는 '장(場)/사이(間) 주체'로 사는 삶이다. 한몸살이는 한몸된 유기적 관계 속에서 각 지체들이 고유한 모습과 기능으로 서로 살리며 더불어 사는 생명의 존재방식이다.

두레는 더불어 사는 삶을 배우고 익히고 실천하는 기본 단위다. 함께 배우고 익히며 얼 밝히고, 서로 긴밀하게 사귀고 돌보며 일상의 역동적 과제를 함께 풀어 가는 관계다. 경제적 상호 협조체라는 성격을 넘어, 삶의 다양한 과제들을 함께 풀고 서로 비추어 주는 기초 관계망이다. 삶을 성찰하고 깨어 있게 하는 길은 거울이나 물에 비추는 게 아니라 사람에게 자기를 비추는 것이다(무감어수 감어인 無鑑於水 鑑於人, 묵자).

두레를 기본 관계망으로 품앗이와 울력을 통해 일상 삶을 서로 돕고 돌보며 마을의 다양한 일을 함께 해결한다. 품앗이는 사적인 일을 서로 도와 함께하는 것이고, 울력은 공적인 일을 함께하는 것이다. 삶터에는 공적 과제와 사적 과제가 엄연히 혼재해 있지만, 그것을 풀어 가는 힘은 함께하는 것이다.

더불어 사는 삶은 이해관계가 지배하는 시장과 상품 질서로는 지탱할 수 없다. 두레 울력 품앗이는 이해관계를 넘어 서로에게 선물이 되는 호혜(互惠)적 나눔을 실천하는 토대다. 두레와 마을은 서로 영향을 주고받으며 생성변화한다. 살림터인 마을이 일으키는 힘이 두레를 생성 강화하기도 하고, 두레들이 함께 삶을 공유하는 살림터가 곧 마을이 된다.

4. 마을살이

마을은 하늘 땅 온생명 서로 살리는 일상 삶의 근본 관계망이자 생명살림터다. 사람이 나고 자라고 죽고 다시 사는 생명순환이 이루어지는 기본 생태계다. 생물로서의 한 생명이 사회적 주체로 전환되는 터전이다. 마을살이는 마을이라는 생명살림터에서 더불어 먹고 입고 자고 일하고 노는 삶이다. 개인이나 가족 단위로는 해결하기 어려운 삶의 과제들을 함께 풀어 간다.

마을살이를 통해 결혼 임신출산 육아 교육, 경제, 복지, 문화 등에서 살림터의 고유한 생활양식과 문화가 생성된다. 마을이 깨지고 마을살이가 사라지면, 각 살림터의 고유한 삶과 문화는 사라지고 국가와 자본에 의해 획일화되고 상품화되는 마을로 전락한다. 백성의 주체역량과 자율성은 마을살이라는 상호 주체적 삶과 실천을 통해 생성 실천 보존된다. 다양한 생명살림이 어우러지며, 자치 자족 자립하는 삶을 가능하게 하는 토대가 된다.

마을은 제도적 획일성과 법적 규정성이 최소화되어 작동하는 더불어 사는 생명살림의 기본 관계망이다. 더불어 사는 일상 생활문화인 두레 울력 품앗이가 어떻게 작동하는지가 마을의 건강함을 가늠하는 척도다. 협동조합이나 사회적 기업, 마을사업 등이 얼마나 많은지가 중요한 것이 아니다. 제도화되지 않은 일상의 더불어 사는 생활문화(두레 울력 품앗이)가 어떻게 작동하고 얼마나 활성화되어 있는지가 중요하다.

　더불어 사는 삶의 힘이 협동조합이나 사회적 기업이라는 틀로 드러나는 것이지, 그런 법제화된 틀이 더불어 사는 삶을 생성하는 것이 아니다. 물론 방편적인 도움을 줄 수는 있지만 엄밀한 의미에서 보면, 그런 법제화된 틀은 표방하는 가치와 달리 더불어 사는 삶을 더 강화시키지 못한다. 오히려 현상유지면 다행인 경우가 많다. 법대로, 규정대로 해야 하기 때문이다.

　생명은 다질성과 역동성을 본질로 하기 때문에, 제도적 획일성과 법적 규정성을 우선하면 실제 필요한 다질적이고 역동적인 생명의 필요를 담을 수 없다. 제도적 틀 자체가 가치를 갖는 것이 아니다. 방편적 차원에서만 의미를 갖는다는 것을 잊지 말아야 한다. 사회적 경제, 협동조합 등도 나름 의미가 있지만, 과잉 의미화되면 형식과 사업만 남고, 실제 일상 삶에서는 더불어 사는 삶의 힘을 더 잃게 된다는 것을 주의해야 한다. 제도적 틀이 삶을 규정하려 할 때는 언제나 생명을 소외시키거나 생명력을 제약하게 된다.

8장 | 생명살림터(마을)를 파괴하는 반생명문화

1. 살림터(마을)가 깨진 분절된 삶과 상품화

근대화, 도시화, 자본주의화, 세계화 과정은 정치 경제 문화를 통틀어 삶을 전면적으로 바꾸어 놓았다. 제국주의 전쟁과 식민지배 속에서 기존 삶의 생태계, 생명살림터(마을)가 파괴되고, 국가와 자본이 결합한 권력이 만드는 질서를 강요당했다. 이 과정에서 '분리해서 지배한다'는 가장 기본적인 지배전략이 작동해 삶의 관계가 철저히 분절되었다.

하늘 땅 더불어 살던 삶에서 분리되고, 사람과 사람, 사람과 둘레 생명들이 단절되며 상품화되었다. 제국주의와 자본의 세계화 시대를 거치며 그 권력이 작동한 곳은 세계 어디나 삶의 근본 생태 관계망인 마을이 깨진 것이다. 각 삶터 마을의 고유한 생활양식과 문화도 파괴당하고 사라진다. 살아남아도 상품화의 가능성 속에서만 남겨진다.

삶터의 고유한 문화가 국가와 자본에 의해 과도하게 관광 상품화되면, 마을 사람들의 실제 삶과 다른 모습이 선전되고 정작 마을 사람들의 일상 삶은 소외당하게 된다. 삶터의 고유한 삶과 문화가 상품성에 의해 오히려 훼손당하는 것이다. 삶터에서 사는 이들의 소중한 일상이 침해당하고, 삶터는 관광시장으로 전락되어 인류학적 동물원이 된다. 상품성이 떨어지면 외면당하고, 다른 상품을 위한 개발의 희생양이 된다. 어떤 삶터 마을의 삶도 상품성보다 존엄하다. 다른 누군가의 이익을 위한 관광상품, 개발의 희생양이 되어서는 안 된다.

2. 조작된 욕망과 조장된 불안

마을은 생명의 근본 생태 관계망이기에, 마을이 파괴되면 분절된 개체가 되어 길들이기 좋은 대중으로 전락한다. 모든 것, 생명까지도 상품관계로 바꾸는 반생명문화의 거친 물살에 쉽게 휩쓸리게 된다. '조작된 욕망과 조장된 불안'에 무기력하게 휘둘릴 수밖에 없는 노동상품이자 소비대중으로 길들여진다.

  욕망을 조작하고 불안을 조장하는 것은 자본주의 대중소비사회를 지배하는 기본 작동방식이다. 무한증식을 향한 욕망으로 작동하는 자본은 모든 것, 심지어 사람(생명)까지 상품으로 물화(物化)시켜 소외시킨다. 자기 노동력이 상품으로 팔려야만 사회경제적 가치를 부여받고 생존이 가능해지는 무자비한 반생명 시장에서 끝없는 생존경쟁을 벌이게 만든다. 불안이 구조화되는 것이다. 불안이 깊을수록 길들이기 쉬운 상태가 되기 때문에 불안은 더욱 조장된다.

노동상품으로 전락한 인간은 다른 한편으로는 소비대중이 되어 타자의 욕망, 자본의 욕망을 자신의 욕망인 것처럼 욕망하게 된다. 주체성을 상실하고 유행이라는 시장의 물살을 벗어나지 못한다. 유행은 끝없이 결핍을 자극하고 경쟁으로 작동하기에, 유행의 물살 속에 있으면 그 자체로 불안하고 우울해진다. 욕망이 긍정되고 더 크게 분출되는 것 같지만, 더 깊은 불안과 우울감이 따라온다. 그 욕망은 실상 자기 욕망이 아니라 자본의 욕망이기에, 유행의 물살 속에 있으면 자기 욕망이 긍정되고 분출되는 게 아니라 결국 자본의 지배력이 더욱 강고해지는 것이다.

소비는 불안과 우울감을 잠시 잊게 하는 심리작용을 하기 때문에 과소비가 늘어나고, 소비중독을 중심으로 각종 중독현상이 발생한다. 문제의식을 느껴도 정신과 물질을 동시에 몰아가는 유행의 거대한 흐름에서 벗어나는 것 또한 불안해서 아예 다른 생각을 못하게 된다. 삶의 근본 안전망, 생태 관계망을 잃어버린 생명의 고단한 현실이다.

3. 가족이기주의와 집단이기심

마을이 없으면 가족이기주의를 벗어나기 어렵다. 가족은 생명이 나고 자라고 사회화되는 과정에서 가장 중요한 관계망이다. 부모에게서 물려받은 기질지성(氣質之性)을 토대로 가족관계를 통해 사회적 관계역량과 덕목을 최초로 체득해 가는 관계망이다. 가족이기주의는 낱생명의 이기심이 가장 기본적인 사회 단위에서 나타난 것이다. 가족이라는 자기집단의 이익을 위해 다른 사람/가족을 부당하고 편향되게 대한다. 자기 가족이라고 특혜를 주고, 가족을 위해 다른 사람을 불공정하게 대하는 것을 아무렇지 않게 느낀다.

가족이기주의는 더불어 사는 사회적 가치와 관계를 왜곡, 좌절시키는 주요 원인이 된다. 개체성에 기반해 작동하는 이기적 욕망이 사회화되면서 마치 당연한 인지상정(人之常情)처럼 여기기 때문에 사회적 기만의 뿌리가 된다. 이로 인해 다양한 사회적 갈등을 모호하게 만들고 해결할 수 없는 미궁에 빠뜨리는 역할을 한다.

가족을 통해 작동하는 집단이기심(가족이기주의)에 대한 실천적 문제의식이 부족한 유가가 묵가를 이해하기 어려워했던 문제다. 유가의 지적처럼 가족관계에서 생기는 특별히 긴밀한 감정은 인지상정으로서 지극히 자연스러운 것이다. 그러나 인지상정을 느끼는 것과 인지상정에 기반해 부당하고 편향된 판단을 하는 것(가족이기주의)은 전혀 다른 문제다. 이를 구분하지 못하는 유가의 가르침은 무슨 말인지 모르고 하는 말이거나 결국 지배의 지식이 될 수밖에 없다는 묵가의 비판은 바로 이런 맥락에서 한 말이다.

가족이기주의는 사회/국가적 집단이기심이 만들어 내는 부정부패, 증오, 패권경쟁의 뿌리가 된다. 이기심, 가족이기주의를 인지상정으로 당연시하면, 가문/족벌이기주의, 국가이기주의 또한 당연시

된다. 그러면 집단이기심에 토대한 부정부패, 패권경쟁과 전쟁을 비판할 근거와 명분이 없어진다. 부정부패, 패권경쟁, 전쟁폭력을 비판하면서 그 뿌리인 가족이기주의를 당연한 것으로 여기는 것은 결국 그 문제들을 극복할 방안이 없다는 뜻이다. 흰 것과 검은 것을 각각 말하지만, 실제 삶에 섞여 있으면 구별할 줄 모르는 상태다.

가족이기주의는 사회화된 이기심의 가장 기본 형태로서, 다양한 형태로 드러나는 집단이기심의 뿌리가 된다. 타자(집단)를 위해 개인 이기심을 버리는 듯한 특징이 있고, 타자(집단)를 위한 사랑과 헌신이라는 성격도 있기 때문에, 집단이기심은 개인의 이기심과 달리 양심의 견제를 받기 어렵다. 집단이기심이 일으키는 문제를 비판적으로 성찰하기 매우 어려운 것이다.

이런 집단이기심의 특징은 국가이기주의로 확장되어 더욱 뚜렷해진다. 중세 교권세력이 자행한 무자비한 마녀재판과 종교전쟁, 20세기 인류를 비극으로 몰고 간 나치즘과 제국주의의 무자비한 폭력과 전쟁, 지금껏 이어지는 거침없는 폭력과 전쟁은 모두 집단이기심을 중요한 동력으로 삼고 이루어진다. '사랑으로 헌신'한 이타적(도덕적) 개인들이 모여 무자비하고 폭력적인 비도덕적 사회를 만들 수 있다는 사실을 잊지 않아야 한다. 라인홀드 니버는 '도덕적 인간, 비도덕적 사회'를 통해 이런 집단이기주의 문제를 분석한다. 타자를 위해 자기를 헌신하는 '도덕적 인간'이 모여 무자비한 폭력을 일삼는 '비도덕적 사회'를 만들 수 있음을 밝혔다. 이는 나치즘과 같은 전체주의 국가에서만이 아니라 정치, 종교, 사회 어떤 영역에서든 나타날 수 있는 집단심리 현상이다.

4. 이웃을 내 몸처럼 사랑하기, 인(仁)과 겸애(兼愛)의 실천적 차이

집단이기심이 일으키는 문제는 객관적 성찰이나 사회적 견제가 작동하기 어렵다는 특징이 있기 때문에, 이를 극복하려면 그 뿌리를 깨닫고 극복하는 것이 중요하다. 이기심은 나와 남을 분절시켜 나를 사랑하는 것이다. 나와 남을 분절시키는 이기심이 나와 남의 가족을 분절시켜 차별적으로 사랑하는 집단이기심(가족이기주의)으로 이어진다. 다양한 사회적 혼란과 부정부패, 증오, 무자비한 집단 폭력과 전쟁을 일으키는 동력이다.

　이를 극복하는 길은 집단이기심의 뿌리가 되는 가족이기주의, 그에 기반한 생각과 감정을 성찰하고, 더불어 사랑하는 삶과 생활양식을 만드는 것이다. 나와 남, 나와 남의 가족을 분절해서 차별하지 않는 것이 집단이기심의 무자비한 폭력과 이중성을 극복하는 출발점이다. 이런 맥락에서 사회적 갈등을 근본적으로 해결하고 더불어 사는 평화를 실천하기 위해서는 천하에 남이 없다는 깨달음에 토대해 다른 사람을 내 몸처럼 사랑하는 실천이 중요하다(천하무인 天下無人, 애인약애기신 愛人若愛其身, 겸애 兼愛, 묵자).

　묵자의 겸애(兼愛), 공자의 인(仁)(충서忠恕)은 더불어 사는 삶을 위한 동일한 가르침이다. 예수도 내 이웃을 내 몸처럼 사랑하는 것이 모든 계명의 핵심이라고 가르친다. 부모 형제자매에 대한 통념을 넘어서는 새로운 가족의 의미를 밝힌다. 관념적 가르침에 머물렀던 유가와 달리 예수와 묵가는 민중들과 더불어 사는 삶 속에서 이를 실천했고, 그 실천적 삶이 가르침의 핵심이다. 묵가와 예수운동이 철저하게 사랑과 평화를 실천할 수 있는 것은 개체화되어 물들어 있는 이기심, 가족이기주의와 국가주의에 대한 실천적 문제의식이 분명하게 이어져 있기 때문이다(천하무인 天下無人, 묵비사염 墨悲絲染, 묵자). 이러한 깨달음을 생성시키고 든든히 지키는 힘은 한몸되어 더불어 살며, 서로 돕고 지켜 주고 깨우쳐 주는 삶에 있었다.

차별 없이 사랑하는 겸애(兼愛)는 유가들이 그랬듯 머리로 생각하면 비실현적인 이상으로 느껴질 수 있다. 하지만 함께 아이를 키우고 밭 생명을 키우며 살림터를 일구는 사람들에게는 너무도 기본적인 더불어 사는 삶의 지혜다. 특별한 이상이 아니라 더불어 사는 삶을 위한 가장 기본되는 덕목인 것이다. 관념으로 배운 것을 관념으로 전한 것이 아니라 더불어 살며 삶으로 깨달은 것을 삶으로 전해 온 것이다.[24]

5. 나라와 국가체제

백성의 삶이 곧 나라(방邦)다. 생명을 살리는 살림터(밭)를 함께 일구는 백성의 관계망이 나라다. 이런 의미에서 나라의 주인은 백성이다. 다른 한편 국가체제(國)는 과도한 인위(人爲)와 강제의 산물이다. 백성에게 의무를 부과해서 다스리고, 권력을 실행하고 외적을 방지하기 위해 일정한 권역을 설정하고, 이를 지탱하는 물리적 체제와 강제장치들(법, 세금, 공권력, 군대 등)을 통해 만들어지고 유지된다. 권력작용과 전쟁을 전제로, 그것을 명분으로 만들어진 체제다.

나라를 뜻하는 글자로 방(邦)과 국(國)이 함께 쓰였다. 현재 발굴된 것 중 동북아 글자의 원형이라 여겨지는 가장 오래된 글자인 갑골문에서 방(邦)은 밭 위에 식물이 자라는 모습으로 그려져 있다. 밭이라는 생명살림터를 중심으로 나라를 생각한 것이다. 국(國)은 의심되는 사태를 대비해(혹惑) 성벽(口)을 쌓은 모습이다. 혹(惑)은 창(戈)을 들고 성(口)을 지키는 마음(心)이다. 과도한 인위와 강제, 권력

---

24 유가도 인(仁), 충서(忠恕)를 통해 동일한 가르침을 준다. 그러나 겸애(兼愛)를 이해하지 못한 채 결국 별애(別愛)를 주장하고 늘 지배담론의 중심에 있게 된 것은, 관념을 삶으로 이해하고 실천하는 것에 실패했기 때문이다. 이론의 문제라기보다 삶과 관념의 순환이 되지 않는 지식인의 전형이다. 관념화(교조화)되고 교권체제화된 종교로서의 기독교 또한 동일한 문제를 드러냈다. '예수의 하나님나라를 증언하는 믿는 자들의 더불어 사는 삶'을 잃어버리고, 교권체제화된 국가교회로 전락했다. 제국의 지배이데올로기가 되어 제국 권력과 전쟁, 폭력을 정당화하는 역사를 만들어 왔다. 예수의 삶과 가르침을 철저하게 따르는 예수운동과 관념화/교권체제화된 국가종교로서의 기독교는 역사 속에서 전혀 다른 모습으로 드러난다. 하나는 세속 권력과 자본을 신격화한 지배체제로서의 종교이며, 또 다른 하나는 세상 권세에 대한 총체적 해방과 구원을 통해 철저한 사랑과 평화를 실천하며 더불어 사는 예수운동이다. 더불어 사는 삶과 평화에 철저했던 묵가는 역사상 한 번도 지배담론이 된 적 없는 실천운동이다.

작용과 전쟁을 중심으로 나라를 생각한 것이다.

나라를 떠올리는 이러한 이중성은 마을을 뜻하는 향(鄉)과 읍(邑)이라는 글자에도 동일하게 나타난다. 갑골문에서 향(鄉)은 밥상을 함께 나누며 앉아 있는 모습으로 그려져 있다. 읍(邑)은 성(口) 아래에 사람이 무릎을 꿇고 있는 모습이다. 나라와 마찬가지로 마을 또한 살림터와 권력체제라는 이중적 의미를 갖는다.

마을과 나라의 성격을 생명살림터로 생각하는 것과 권력체제로 생각하는 것은 전혀 다른 세계관과 생활양식으로 이어진다. 어쩔 수 없이 꼭 필요하다는 전제에서 과도한 인위와 강제, 전쟁과 지배를 중심으로 마을과 나라를 생각하는 것과 생명살림터에서 서로 살리며 더불어 사는 백성의 삶을 중심으로 마을과 나라를 생각하는 것은 너무도 다른 삶을 만들게 된다.

방(邦)이 국(國)보다 더 오래전부터 쓰이던 글자인데, 한나라 이후 방은 잘 쓰지 않고 대부분 국이라는 글자를 쓴다. 한고조 '유방'의 '방' 자와 같아서 쓰기를 꺼렸던 것이기도 하지만,[25] 춘추전국시대를 거치며 나라는 이제 과도한 인위와 강제, 전쟁과 폭력을 중심에 두지 않고는 생각할 수 없는 것처럼 당연시된 것이다.

---

25 중국에는 오래전부터 왕, 조상, 성인이 쓰는 이름, 국호, 연호와 같은 글자를 사용하지 않는 피휘(避諱)라는 관습이 있다. 존중하는 이의 이름을 범하지 않는다는 의미를 담고 있는데, 때로는 글자뿐 아니라 음이 비슷한 글자를 모두 피하거나 글자의 획 일부를 생략하는 방식으로 이루어졌다.

글자의 활용에서만이 아니라 그 글자가 담고 있는 '과도한 인위와 강제, 전쟁과 지배를 중심에 두는 세계관'까지 함께 지배적 관념이 되었다. 유가 철학이 역사 속에서 쉽게 국가 지배이데올로기로 전락한 데는 여러 이유가 있는데, 국가체제 자체에 대한 비판적 성찰이 없다는 것도 중요한 이유다. 패권경쟁과 전쟁의 주체이자 사회화된 이기심의 총화인 국가 자체에 대한 문제의식이 없다. 불의한 왕을 폐위시킬 수 있다는 맹자의 인본사상 정도가 있지만, 국가체제 자체에 대한 성찰은 거의 찾아보기 어렵다.

대학의 8조목인 격물치지 성의정심 수신제가 치국평천하(格物致知誠意正心 修身齊家 治國平天下, 대학)는 유학의 세 가지 강령, 밝은 덕을 밝히고 백성과 친하고 지극한 선(명명덕 친민 지어지선 明明德 親民 止於至善)을 이루는 핵심적인 실천전략이다. 하늘 땅, 몸과 마음, 앎의 과정을 일관해서 생각한 매우 중요한 지혜가 담겨 있다. 그러나 이 세계관에는 마을(鄕)이 없다. 집(家)에서 국(國)으로 바로 넘어간다. 노자와 묵자에게는 당연하게 설정되고 실천된 마을이 유가에게는 없는 것이다. 가족주의를 넘어서게 해주는 살림터, 백성의 주체역량을 생성 보존해서 국가주의로 수렴당하지 않게 해주는 토대인 살림터가 없으면, 가족주의와 국가주의 문제를 극복하기 어렵다. 가부장문화와 국가통치 철학의 상징이 된 유학의 역사는 이러한 한계를 매우 뚜렷하게 보여 준다.

또 다른 중요한 문제는 인위와 폭력의 역사적 산물인 국(國)을 물(物), 심(心), 신(身), 가(家), 천하(天下) 등 자연스럽게 존재하는 어떤 것처럼 다루고 있다는 점이다. 국은 이들처럼 자연스러운 존재가 아니라 과도한 인위(人爲)와 강제의 산물이다. 과도한 인위와 강제는 하늘 땅 온생명 더불어 사는 삶을 훼손하고 거짓과 갈등, 폭력과 전쟁을 일으키는 근본 원인이다.

국(國)에 집(家)을 붙여 쓰는 것은 군사부일체(君師父一體)라는 통치철학에 기반한 것이다. 과도한 인위와 강제의 산물인 국(國)을 생명살림의 자연스러운 형태인 집(家)과 일치시켜, 국가(國家)와 국(國)은 같은 의미가 되었다. 이를 통해 마치 과도한 인위와 강제에 기반한 국(國)이라는 국가체제가 집(家)처럼 자연스러운 어떤 것이라는 착각이 더욱 고착되었다.[26]

백성이 곧 나라인 맥락에서 나라는 당연히 경계할 대상이 아니다. 그러나 과도한 인위와 강제의 산물이라는 측면에서 국가체제와 권력

---

26 국가에 대한 문제의식은 서양의 사회변혁운동사에서 중요한 논점이다. 여러 논의가 있지만, 국가와 시민사회를 대별하는 중요한 특징이 강제와 설득(합의)이다. 시민사회는 설득(합의)을 토대로 하고, 국가는 강제에 토대한다는 것이다. 국가가 지닌 강제의 특성으로 치안력, 군사력, 세금 등을 떠올릴 수 있다. 법과 정책이라는 것은 강제의 특성으로 잘 떠오리지 않지만, 이 또한 강제를 본질로 한다. 법과 정책이 시행되면 늘 반발이 일어나고, 그 반발은 규모에 따라 달라지지만 결국 강제로 해결된다. 법과 정책은 물리적 강제보다 은폐되고 세련된 강제의 도구인 것이다. 법과 정책은 지배권력을 제한해서 견제하고 소외된 이들을 보호하는 역할을 하는 한에서 의미 있는 것이 될 수 있다. 구체적 사안들에 대한 긍/부정을 넘어 강제가 작동하는 기본 특성을 말하는 것이다.

에 대한 문제의식을 갖는 것은 매우 중요하다. 국가가 실제 현존하는 방식은 과도한 인위와 강제로 작동하기 때문이다. 백성을 위하는 국가(정부, 통치자)냐 아니냐 하는 이야기가 아니다. 국가체제 자체의 이중적 성격에 대한 이야기다.

백성을 위하는 정부라도 국가체제 자체가 지닌 이중성에 따라 강제와 지배의 특성은 여전히 작동한다. 어떤 민주정부라도 국가체제 자체의 강제성은 엄연히 작동한다. 물론 더 민주적이고 공정하고 민본적인 국가를 만들기 위해 노력하는 것은 필요한 일이다. 하지만 국가체제 자체가 지닌 과도한 인위와 강제라는 특성은 여전히 남아 작동한다는 사실을 잊지 말아야 한다. 이를 망각하면 국가주의에 길들여져 백성의 주체성을 잃게 되고, 국가에 대한 환상으로 말미암아 국가의 강제에 고통당하는 국가 안팎 백성의 신음 소리를 듣지 못하게 된다.

국가체제의 강제를 당연시하거나 좋은 국가라는 환상을 갖게 되면, 국가체제 자체에서 오는 강제로 인해 겪는 아픔을 직면하기가 더 어려워진다. 제주 4.3사건, 광주 5.18사건, 공권력에 의한 인권침해와 조작사건, 삶터를 파괴하는 국가 주도의 개발사업과 송전탑 건설, 세월호와 해병대원 순직 진상 은폐사건 등 국가가 백성에게 행했던 강제와 폭력, 은폐의 역사를 보면, 어느 폭력보다 일방적이고 교묘하고 무자비하게 이루어진다. 직간접적으로 피해를 당하기 전에는 문제를 인식하는 것 자체가 어렵다. 항변하기도 어렵고 항변한다 해도 또 다른 강제에 직면하게 되는 특징이 있다. 잘못이 드러나도, 국가를 위해 한 것이라며 당당하다. 고통받는 삶은 쉽게 외면당하고, 정치적 이해관계에 따라 상처를 들쑤신다. 진심 어린 반성을 해야 할 주체가 모호해지고, 원통함을 해소하지 못하는 형식적(공식적) 사과와 보상에 대한 논란으로 또 다른 원통함을 남기게 된다.

국가체제의 폭력성을 세계적으로 드러낸 제국주의 전쟁과 식민통치 국가들이 여전히 누리고 있는 국제적 위상과 정치경제적 부는 아시아와 아프리카 백성을 착취하고 지배한 기반에서 만들어진 것이다. 제국주의 국가들이 잘못을 반성하고 더 좋은 국가로 탈바꿈한 듯하지만, 식민지배를 당했던 백성의 아픔과 상처는 아직도 여전한 현실이다. 극심한 굶주림으로 죽음에 몰린 어린 생명들, 끝없는 가난과 분쟁, 국제 쓰레기장이 되어 버린 삶터, 사대주의라는 정신질환 등으로 아직도 신음하고 있다. 가해 국가들이 민주주의와 국제인권을 수호하는 표준인 듯 보이게 하는 세련된 변신은 아직도 고통당하는 피해 백성의 고단한 삶을 그 백성의 무능으로 돌린다. 더 좋은 국가라는 환상이 국가체제 자체에서 오는 강제와 폭력, 그로 인한 아픔에 더 무감각해질 수 있다는 사실을 인식하는 것이 중요하다.

6. 국가주의

국가주의는 나라의 이중적 의미 중 국가체제로서의 의미만 남은 상태의 사고방식과 정서다. 밭 위에 식물이 자라는 생명살림터로서의 나라(방邦)에 대한 의미와 상상력을 잃고, 의심되는 사태를 대비해 성벽을 쌓고 창을 들고 지키는 형상(국國)만이 작동한다. 과도한 인위와 강제, 전쟁과 지배를 중심으로 마을과 나라를 생각하는 것이다. 국가체제의 과도한 인위와 강제라는 특성을 마치 자연스러운 것으로 여기는 생각과 감정이다. 백성이 주인이라는 사실을 국가권력의 지배와 동일시한다. 과도한 인위와 강제에 기반한 국가의 존재방식과 그에 기반한 덕목을 백성의 삶인 것처럼 착각하고 그 힘에 의존한다. 국가체제에서 소외당하고 피해를 당하는 지역이나 계층의 사람들이 오히려 국가체제를 자신과 더 동일시하고 지지하는 모습은 역사 속에 매우 흔하게 드러나는 현상이다. 오래된 강제가 만든 체념, 지배체제가 물들이는 허망한 기대와 환상 등으로 주체성을 잃고 지배의 내면화에 길들여진 결과다.

이런 국가주의 사고방식과 정서는 생명살림터에서 서로 살리며 더불어 사는 백성의 삶을 중심으로 마을과 나라를 생각하는 것과는 너무도 다른 삶을 만들게 된다. 생명살림터로서의 나라에 대한 사고방식과 정서를 되살리고, 살림생태계를 일구는 백성의 주체역량을 지키고 고양시키는 것은 너무도 중요한 일이다.

마을이 없으면 백성(民)의 주체역량을 스스로 키우고 재생산할 수 없어 국가주의의 틀에 더 깊이 갇히게 된다. 삶을 생성변화 재생산하는 중심작용은 살림터(마을), 배움터(학교)를 통해 일어난다. 삶의 역동성, 민의 주체역량과 자율성을 배우고 익히고 재생산하는 근본 토대가 마을(살림터)과 마을에 토대한 배움터(학교)인 것이다.

배움터가 국가와 자본에 의해 획일화되고 상품화되면, 배움터의 고유한 얼(가치)과 문화인 학풍(學風)이 사라지고 배움/교육의 생명성이 상실된다. 배움/교육이 생명으로서의 고유한 특이성을 상실하면 생명감수성을 기르고 생명의 창의성을 배우고 익히기 어렵다. 국가의 획일성과 자본의 상품성 안에서만 의미를 갖는 존재를 인적 자원, 상품으로 양산하게 된다. 이런 현상이 지속되면 생로병사 등 삶의 중요한 문제들까지 국가에 의존하게 된다. 파괴된 살림터(마을)를 회복 생성하는 것조차 국가와 자본에 의존하게 된다. 국가주의적 사고와 정서가 위험한 것은 이처럼 민의 주체역량을 생성 보존 재생산하는 모든 것을 국가에 의존하게 되어 민의 주체역량을 뿌리째 말라 버리게 만들기 때문이다.

마을의 고유한 존재방식을 잃고 국가의 하부단위로 길들여지는 것을 주의해야 한다. 마을을 삶의 일상적 동선을 공유하는 살림터, 사회 생태적 관계망으로 생각하지 않고, 행정구역 단위로 생각하는 것 자체가 이미 국가주의로 수렴된 모습이다. 그렇게 되면 마을살이 없는 마을사업, 마을살이하지 않는 마을 전문가들이 양산된다.[27]

삶터인 마을과 배움터를 일구는 과정에서 국가(관官)나 기업과 연대할 일이 있을 때는 철저하게 민의 주체역량 안에서, 민의 주체성을 고양하는 방식으로 하는 것이 중요하다. 어떤 연대든 상호 주체성을 존중하고 보존하는 방식의 연대는 주체 구성에 대한 결정권, 시간과 공간에 대한 결정권이 어디에 있고 어떻게 이루어지는가로 확인할 수 있다. 이 지점이 관에 의해 일방적으로 이루어지면, 아무리 민의 주체성을 존중한다고 말해도 결국 국가주의로 수렴되고 관의 행정상품으로 길들여진다. 마을은 관의 정책상품이나 기업의 이미지 개선상품이 아니다.

마을과 배움터를 만들 때 백성(민)의 주체역량을 넘어 국가나 기업의 힘이 더해져야만 할 수 있는 사업을 함께하는 건 매우 주의해야 한다. 민의 주체역량을 넘어선 것이기에 국가와 기업에 종속될 위험이 커진다. 일을 더 크고 화려하게 만들어 사업의 상품성을 키울 수는 있지만, 그 과정에서 오히려 국가와 자본에 길들여질 위험이 커진다는 것을 잊지 말아야 한다. 국가나 기업의 힘이 더해지지 않아도 그 일을 민의 주체역량으로 할 수 있는 상황인 경우에는 함께하는 게 문제되지 않는다. 그런 경우에는 민의 주체역량 안에서

---

27 한때 시민사회운동의 새로운 실천으로 주목되었던 마을운동은 국가패러다임에 갇혀 국가권력(관)에 의존하는 운동의 한계를 여실히 드러냈다. 관이 주도하는 마을공동체 운동 초기부터 줄곧 문제제기 해왔다. 국가패러다임에 갇히면 그 운동은 지속불가능할 뿐 아니라 오히려 민의 주체적 역량을 훼손하는 결과를 가져올 수밖에 없다. 가장 대표적으로 마을사업을 주도하고 확산시키던 지자체가 국가권력(관) 기관장, 지자체장이 바뀌는 변화에 따라 결국 마을공동체 사업들이 생존 자체를 위협받게 된 현실을 정직하게 돌아봐야 한다. 이는 국가권력이 바뀌면서 전국적 현상이 되었다. 이전에 열심히 풀뿌리를 일구던 활동가들과 운동들이 주체적 생명력과 실천력을 잃고, 국가/관/자본에 길들여지는 결과를 낳았다. '마을'이라는 중요한 개념이 대중화되는 성과보다 희화화되고, 마을이라는 개념이 지닌 힘, 끌림을 잃게 된 것은 무엇보다 안타까운 일이다.

일을 다루고, 주체역량을 고양시킬 수 있다. 민의 주체역량 안에서 관과 연대해야 변수가 생겨도 관의 제도적 획일성과 물리적 힘에 휘둘리지 않고 민의 주체성을 지킬 수 있다.

9장 │ 새로운 삶의 길에 작동하는 힘, 가로막는 힘

1. 혼재된 힘, 새 삶을 살게 하는 새로운 구심력

마을은 하늘 땅 온생명이 어우러져 사람 살기 좋은 기운을 생성하는 곳에서 자연스럽게 만들어지는 생명살림터였다. 마을은 사람이 하늘 땅과 더불어 사는 근본 생태계이자 사람들이 더불어 사는 관계망이다. 그러나 근대화, 산업화, 도시화, 제국주의, 초국적 자본의 세계화 과정을 거치며 이러한 생명살림의 관계망인 마을이 깨지고 파괴되었다.

생명살림터인 마을은 본래 자연스럽게 생성되는 생명살림의 근본 생태계이지만 특정한 힘, 반생명문명의 힘에 의해 매우 주도면밀하게 깨졌기 때문에 살림터인 마을은 자연스럽게 만들어질 수 없는 상황이 되었다. 따라서 살림터를 회복할 백성의 주체적 지향과 주체 역량이 더욱 중요해졌다. 생명살림의 관계망인 마을을 새롭게 만들지 못하면 마을을 파괴한 힘이 규정하고 제시하는 대로 살게 된다. 삶의 관계망을 파괴한 그 힘의 욕망을 마치 자기 욕망인 것처럼 착각하며 욕망하는 삶이 더욱 강화된다.

'새로운 삶'을 사는 것은 기존 삶을 지배하는 힘에서 벗어나 '새로운 구심력'을 생성하는 것이다. 어떤 힘의 지배 속에 길들여져 있다는 현실을 깨닫는 것이 출발점이다. 장자의 '우물 안 개구리', 플라톤의 '동굴', 현대서양철학의 '이데올로기 비판' 등은 이런 문제의식에서 나온 지혜들이다. 동서고금을 막론하고 참된 인식과 새로운 삶의 출발점은 어떤 힘(구심력)에 갇혀 길들여져 있는 현실을 깨닫고, 그 지배의 힘에서 벗어나는 것이었다. 이는 새로운 삶을 가능하게 하는 새로운 구심력을 만들어 내는 과정이다.

어떤 관계 맺음도 구심력 없이 생성되지 않는다. 지극히 일상적이고 의도하지 않은 삶조차 어떤 힘의 구심력에 의해 관계가 만들어지고 그 속에서 살아간다. 그 힘이 생각과 감정을 일으키고, 일상의 시간과 공간을 배치시키며 작동한다. 구심력 없는 무풍지대는 없다. 중립상태가 없다는 말이 아니다. 중립상태도 다양한 힘이 혼재되어 작동하는 상태다. 그 힘들이 잠정적으로 균형을 이루고 있는 것이다. 어떤 힘도 작동하지 않는 그런 상태가 아니다. 중립상태를 어떤 힘도 작용하지 않는 무풍지대로 생각하는 것은 마치 어떤 주변 환경과 경험에도 영향받지 않는 '선험적 주체'가 있는 것처럼 착각하는 근대 주체철학의 정치사회적 표현이기도 하다. 이는 관념 속에서만 존재한다. 삶은 다양한 관계 맺음이 얽혀 있고, 그 관계 맺음에 작용하는 다양한 구심력이 중층적으로 작동한다.

'구심력 있는 관계가 좋다. 구심력 없는 관계가 좋다'는 말들은 착각에서 나온 무의미한 이야기다. 구심력 없는 어떤 관계, 무풍지대가 있을 거라는 착각이다. 모든 삶과 관계는 이미 다양한 구심력이 얽혀 작동하는 현상이다. 자기 삶의 거의 모든 시공간, 생각과 감정을 좌우하는 구심력이 이미 작동하고 있는데, 익숙해지고 내면화되어 마치 어떤 힘에도 영향받지 않고 자기 마음대로 개성대로 자유롭게 살고 있다고 착각하는 것이다. 모든 삶과 관계에는 그 삶과 관계를 생성 유지시키는 구심력이 작동한다. 관건은 그 힘이 어떤 삶을 생성해 내고 있느냐 하는 것이다. 어떤 삶을 생성하는 힘인가 하는 차이가 있을 뿐이다.

새로운 삶과 관계를 만드는데, '느슨한 관계가 좋다. 밀접한 관계가 좋다'는 논의도 마찬가지다. 삶의 관계는 다층적이다. 한 사람의 삶에 느슨한 힘/관계와 밀접한 힘/관계는 늘 혼재되어 있다. 새로운 삶의 관계가 느슨하다는 것은 기존 삶을 지배하는 다른 힘에 더 밀접하게 얽혀 있다는 것이다. 더불어 사는 삶을 파괴한 힘이 배치하는 대로 그냥 그렇게 살게 된다. 이는 이론이나 논쟁으로 확인할 문제가 아니다. 시간 속에서 결국 어떤 삶을 살게 되는지, 어떤 힘을 재생산하는 삶을 살고 있는지를 돌아보면 되는 문제다.

물론 구심이라는 것은 또 다른 지배를 만들 수 있다는 사실을 잊지 않아야 한다. 구심이 고착화되면 반드시 나타나는 현상이다. 탈주의 힘이 새로운 삶을 생성해 냈던 특정한 경험, 특정한 문화가 고착화되고 위계화되면 또 다른 권력과 지배가 작동하는 계기가 된다. 이를 방지하기 위해 구심을 형태가 아니라 힘 작용으로 이해하는 것이 중요하다. 힘(구심력)이라는 것은 특정한 형태로 고정되지 않는다. 구심력은 역동적인 생활세계 속에서 음(陰)의 수렴과 양(陽)의 발산으로 상호작용하는 힘의 역동적 균형작용이며, 관계 맺는 존재들의 생명력을 추동하고 극대화하는 힘이다.

2. 자본증식을 위한 물살(유행), 개별화된 소비대중, 자유와 개성

하늘과 땅, 사람과 사람이 더불어 사는 생명살림터를 파괴하고 분절시킨 힘은 모든 일상의 삶을 지배하는 구심력으로 작동한다. 그 힘이 만드는 유행을 따라 욕망하고, 그 구심력이 만드는 배치에 따라 시공간이 규정된다. 수도권, 역세권, 학군, 상권, 시세, 시장이라는 일상의 시공간을 지배하는 미시권력에 따라 산다. 어떤 명분을 붙여도 결국 그 힘이 만드는 사회관계망 서비스(SNS)에 따라 관계 맺고, 그 힘이 만들어 놓은 생활문화에 따라 산다.

　자본의 구심력이 이미 강하게 작동하는 엄연한 현실 속에서 어떤 구심력에도 상관없는 듯 개인주의니 개성이니 자유니 하는 것은 일상화된 지배가 일으키는 착각이다. 이런 일상화된 지배가 깊어질수록 기존 삶과는 다른 삶을 만들어 내는 '새로운 힘, 구심력'에 대한 논의를 불편하게 여기게 된다. 새로운 구심력 자체를 불편해하는 것을 자유와 개성인 듯 여기는 것은 이미 기존 삶을 지배하는 힘에 깊게 길들여진 것이다.

사람을 소비대중으로 길들이는 가장 효과적인 광고가 '네 멋대로 하라'는 것이다. '개성대로 자유롭게 살라'고 선전하지만, 시장의 유행에 더 꼭 묶어 두는 광고전략, 자본증식 전략이다. 철저히 개별화되면 유행에 더 민감하게 반응하는 소비대중으로 길들이기 쉬워진다. 자본은 자유와 개성을 권장하는 듯하지만, 오히려 자유와 개성을 이용해 사람들을 더 개체화하고 상품화시켜 무한 자기증식 욕망을 채워 간다.

자본은 이런 욕망 충족을 위해 복무하고, 스스로도 소비대중으로 길들여진 다양한 분야의 지식인, 언론인들을 양산한다. 이들이 만들고 선전하는 지식과 기사, 다양한 문화상품들을 통해 매우 효과적이고 일상적으로 작동한다. 이제 경제 영역에서만이 아니라 삶의 모든 일상에서 자본의 욕망을 물들인다. 철저히 개별화된 존재로서 더 좋은 상품이 되기 위해 경쟁 시장에서 살아남아야 하는 것처럼 길들인다. 분절된 개체를 조장하는 개인주의, 자본증식의 효과적인 도구가 된 개성과 자유를 더욱 강조하고 사회문화 곳곳에서 이러한 생각과 감정을 재생산한다.

시장과 상품, 광고와 유행이라는 배치가 만들어지면, 없었던 욕망이 생겨나고 그 배치를 관장하는 자본의 욕망 속으로 달려가게 된다. 거의 모든 일상에서 스마트폰과 이어폰을 장착한 대중이 만들어진 것은 자유로운 개성의 결과가 아니라 대중소비문화를 지배하는 자본의 구심력이 만들어 낸 현상이다.

하늘 땅 사람이 어우러진 삶터인 농촌이 버림받고, 생명답게 살기 어려운 대도시로 사람들이 과도하게 몰린 것은 개인의 자유로운 욕망의 결과가 아니다. 국가의 이농정책과 자본의 저임금 전략이 결합한 구심력에 따라 만들어진 것이다. 생명살림의 가치를 지니고 매우 주체적으로 이루어지던 귀농귀촌이 국가정책상품이 될 때는 자본의 개발사업과 상품화 전략이 새로운 구심력으로 함께 작용한다. 많은 정보와 기술적 행정적 편의가 제공되지만, 이 과정에서 오히려 생명살림의 가치는 훼손되고 비주체적인 귀농귀촌 현상이 확대된다. 사람이 살지 않던 땅, 서울 강남과 신도시에 돈과 사람들이 몰리는 것은 다양한 개인의 욕망과 개성이 합쳐져 자연스럽게 생긴 게 아니라 학벌과 부동산이 결합한 힘이 작용했기 때문이다.

살림살이가 소외당하는 것은 모든 것을 상품화시키는 자본의 힘이 만든 구심력에 의해 상품으로서의 가치를 인정받지 못하기 때문이다. 생명살림과 돌봄이 기피할 일이 되고, 배우고 가르치는 사제관계가 불신으로 깨진 것은 자연스럽게 벌어진 일이 아니다. 생명까지도 상품화하고 경쟁 대상으로 소외시키는 반생명의 힘이 구심력으로 작동해 만들어진 현상이다.

자유와 개성이 지닌 가치와 힘은 고유한 생명의 특이성을 자기 흐름 속에서 꽃피우는 것이다. 자본증식을 위한 도구인 유행에 더 빨리 민감하게 반응하는 데서 나타나는 것이 아니다. 오히려 생명의 고유한 특이성을 상품으로 획일화시키고 유행에 민감히 반응하게 길들이는 힘에서 벗어나는 것이 자유와 개성의 힘이다. 그런 탈주의 선들이 어우러져 새로운 삶을 역동적으로 생성시킨다.

반생명의 가치질서, 자본의 구심력이 모든 삶을 지배하는 현실에서, 이를 거스르는 새로운 구심력이 없으면 그냥 기존의 삶을 지배하는 힘, 자본의 욕망을 따라 사는 결과를 낳게 된다. 새로운 관계가 만들어졌다는 것은 그 관계 맺음 이전의 삶을 지배하던 구심력에서 벗어나 새로운 구심력을 생성했다는 것이다.

관건은 자기 삶에 영향을 끼치는 구심력을 모른 채 그 힘이 짜 놓은 미로를 따라 사느냐, 자기 삶에 영향을 끼치는 힘을 인식하고 자각으로 생성되는 새로운 구심력과 상호작용하며 새로운 관계를 만들며 사느냐의 문제다. 탈주의 힘들이 모여 새로운 힘과 관계를 생성하고, 그 힘이 만드는 새로운 관계, 새로운 살림터를 일구며 함께 깨어 있는 주체된 삶을 사느냐의 문제다.

3. 새로운 삶을 가로막는 힘, 통념적 사고방식과 정서

1) 지배의 내면화

'새로운 삶'을 사는 것은 기존 삶을 지배하는 힘에 길들여져 있는 현실을 깨닫는 것으로 시작하고, 그 힘에서 벗어나는 탈주와 '새로운 삶의 구심력'을 생성하는 과정으로 이어진다. 이 과정에서 기존 삶을 지배하는 힘은 사라지지 않고 여전히 여러 힘들과 얽혀 작동하며, 새로운 삶을 가로막는 힘으로 나타난다. 그 힘은 강제와 억압으로만 작동하지 않는다. 관습, 통념적 생각과 감정 등을 통해 일상적으로 작동한다. 조작된 욕망과 조장된 불안 등 지배의 내면화를 통해 자기 욕망으로 착각하며 일상적으로 작동하는 미시권력 현상이다.

어떤 힘의 지배가 오래되고 익숙해지면, 지배받는 것을 느끼지 못하고 오히려 지배받는 현실이 편하고 익숙해진다. 지배받는 이들이 지배하는 이들의 생각과 감정을 마치 자기 것으로 착각하여 지배작용을 당연시하고, 스스로 지배받는 삶을 욕망하게 되는 것이 지배의 내면화 현상이다. 특히 자본은 강제가 아니라 욕망을 조작하고 불안을 조장하는 방식으로 작동하기 때문에 철저하게 지배의 내면화를 활용하는 권력작용이다.

지배의 내면화가 깊을수록 기존 삶과는 다른 삶, 새로운 사건과 현상에 대한 거부감이 커진다. 관념으로는 기존 삶을 극복하고 새로운 삶을 만들어 가려고 하면서도, 실제 삶에서 새로운 힘이 작동하는 새로운 사건과 삶이 생성되면, 이를 외면하고 거부하는 생각과 감정이 부지불식간에 작동한다. 그 주요한 작동방식이 '특수화시켜 배제하는 사고방식과 정서'다.

2) 특수화시켜 배제하는 사고방식과 정서

'특수화시켜 배제'하는 것은 지배의 내면화가 만들어 내는 전형적인 권력 작동방식이다. 기존 가치질서를 벗어나는 실천은 당연히 기존 범주체계(코드)에 맞지 않는 뚜렷한 특이성을 지닌다. 새로운 사건의 질이 뚜렷할수록 기존 범주체계의 분류 항목에 맞지 않는 특성이 있다. 그리고 대안적 실천을 가능하게 만드는 고유한 힘이 있기 마련이다. 그런데 그 고유한 힘과 특이성을 배제의 원인으로 삼는다. 어떤 특이성 때문에 가능하니, 일반적인 게 아니라며 특수화시켜 배제한다. 어떤 사람이 있어 가능했고, 어디에 있기 때문에 가능했고, 어떤 시기였기에 가능했고, 어떤 힘과 조건 때문에 가능한 것이니, 일반적인 게 아니라며 특수화시켜 배제한다. 이렇게 해서 생명사건에 고유한 특이성을 배제의 원인으로 삼는 것이다.

어떤 특이성은 긍정되고 어떤 특이성은 부정당하지만, 이는 그저 자의적이다. 별것 아닌 인연이나 이해관계에 따라 달라진다. 아무 근거 없는 분류와 판단이 특이성의 운명을 결정하는 권력작용을 하는 것이다. 특이성의 운명을 좌지우지하고 배제의 원인으로 삼는 것 자체가 고유한 생명현상에 대한 폭력이다. 이런 사고방식이 왜 전형적인 지배담론이 되고, 지식권력의 작동방식인지 선명하게 드러난다.

생명은 모두 특이하다. 생명현상은 항상 특수한 현상이다. 특이성을 배제의 원인으로 삼는 과정 자체가 생명에 대한 폭력이다. 어떤 특이성도 배제의 원인이 될 수는 없다. 특이성을 배제의 원인으로 여기는 생각과 감정 자체가 바로 권력의 지배작용이다.

3) 보편과 특수, 정상과 비정상 분류에 작동하는 지식권력

시공간에 실재하는 어떤 것을 두고, 이것은 보편(일반)이고 저것은 특수라고 분류하는 것은 흔한 인식의 오류다. 그러한 분류는 제한된 범위 속에서 방편적으로만 가능하다. 보편과 일반은 특수에 대칭해서 쓸 때는 같은 의미로 쓰인다. 시공간에 실재하는 모든 것은 특수다. 각각의 특수 안에 있는 것들 중 공통적인 것을 뽑아내 추상한 것이 보편이다. 흔히 다수를 보편(일반), 소수를 특수라 하지만, 이는 제한된 조건과 범위 안에서만 방편적으로 쓸 수 있다. 그 방편성을 벗어나서는 적용할 수 없다. 이를 계속 적용하면 다수를 권력화시켜 정당화하는 도구가 된다. 시공간 속에 있는 것은 다수든 소수든 모두 특수다. 보편이라는 것은 다수라는 특수 안에도 있고, 소수라는 특수 안에도 있는 것이다.

여기에 표준/비표준, 정상/비정상 등의 가치판단까지 더해지면 분류 자체가 명확한 폭력이 된다. 일반(보편)은 표준 정상이고, 특수는 비표준 비정상이라는 분류는 지식이 권력으로 작동하는 전형적인 방식이다. 시공간에 존재하는 어떤 것을 두고, 이것은 보편(일반, 표준, 정상), 저것은 특수(비표준, 비정상)라고 분류하는 것은 이를 규정하는 힘(권력)을 전제하지 않고는 성립할 수 없다.

일반교육 특수교육, 표준어 사투리(특수), 표준 키/몸무게 비표준(특수), 일반문화 특수문화, 일반사례 특수사례 등의 분류는 모두 일정한 제한된 범위 안에서만 방편적으로 의미를 지닌다. 그 또한 이런 분류를 규정하고 지탱하는 권력이 작동할 때만 가능한 표현들이다.

관이 민의 주체적이고 자발적인 삶과 실천을 대할 때 그것을 특수한 것이라 규정하고, 정책상품으로 만들면서 일반화 규격화 표준화시킨다고 하는 것도 같은 맥락이다. 이 과정에서 고유한 생명의 특이성은 제거당하고 획일적인 정책상품이 된다. 관의 언어와 사고방식에 길들여지면, 민도 그런 표현을 쓰게 된다. 이는 지식인들이 삶을 관념에 꿰어 맞춰 분류하고 일반화시키려 할 때도 흔히 나타나는 현상이다.

일반화는 이성의 중요한 기능이고 삶에 효율성을 더해 주는 측면이 있지만, 일반화 과정 자체가 다질적인 삶을 획일화시켜 특이성을 배제하는 과정을 거쳐 이루어지는 작업이라는 사실을 잊지 않아야 한다. 그래야 일반화 작업에 따르는 배제라는 생명에 대한 폭력을 최소화하면서 일반화라는 이성의 모험을 수행할 수 있다.

정상과 비정상, 보편과 특수를 분류하고 규정하는 것은 지식권력의 가장 기본적인 작동방식이다. 이처럼 일상의 미시권력 현상에 길들여지면 기존 삶을 지배하는 힘에 대한 실제적인 문제의식을 일관되게 가질 수 없고, 이를 거스르는 실천적 대안을 만들 수 없다. 문제를 느끼고 새로운 실천을 시도하다가도 곧 이전의 익숙한 구심력에서 형성된 생각과 감정, 관습에 따라 생각하고 행동하게 된다. 어디에나 있을 수 있는 어려움을 겪어도 그것이 새로운 실천 속에서 발생하면, 이를 과도하게 확대 재생산하고 특수화시킨다. 불구경을 즐기는 집단심리가 더해지며 곳곳에서 의도와 무관하게 통념적 생각과 정서 속에서 지배를 견고하게 만들고 새로운 삶을 가로막는 역할을 하게 된다.

4) 되돌아가려는 욕망, 겸하여 섬기는 욕망

새로운 삶을 가로막는 통념적 사고방식과 정서는 기존체제를 지탱하는 힘에 의해 의도적으로 이루어지기도 하고, 지배의 내면화로 인해 별 의도 없이 일상적인 생각과 감정 속에서 작동하기도 한다. 여기에 체념의 정서가 더해지면, '되돌아가려는 욕망'이 일어난다. '차라리 그때가 좋았다'는 마음이다. '차라리 일제 때가 좋았다. 차라리 군부독재 시절이 좋았다. 모르고 살았을 때가 좋았다. 이런저런 문제의식을 갖게 되어 골치만 더 아프다' 등의 마음이다.

되돌아가려는 마음이 타협해서 정착한 것이 '겸하여 섬기는 욕망'이다. 더불어 사는 삶의 가치와 문화를 지향하면서, 동시에 자본 학벌 부동산 등 시대 우상들을 겸하여 섬기는 욕망이다. 관념과 삶의 괴리가 만연하게 되는 결정적인 원인이 된다. 관념으로는 보수의 가치를 내세우면서 실제 삶에서는 부정과 불의가 점철된 기회주의 처신을 통해 사욕을 채우는 삶이다. 관념으로는 진보와 개혁을 내세우면서 실제 삶에서는 그 가치를 배반하는 현실적 욕구를 체념적으로 당연시하는 삶이다. 한 사회의 생명력이 다했을 때 새로운 시대의 도래를 가로막는 힘은 다른 데 있는 것이 아니라 겸하여 섬기는 욕망에서 나온다.

'되돌아가려는 욕망', '겸하여 섬기는 욕망', '특수화시켜 배제하는 생각과 정서' 등의 권력작용은 새로운 삶을 실천하는 길에서 매우 흔히 나타나는 현상이다. 모두 지배의 내면화 속에서 작동하며, 지배의 내면화를 심화시킨다. 사회현상과 심리현상, 인식과 정서, 개인 정서와 집단 심리현상 등이 얽혀 나타나기에 실제 문제가 무엇인지 파악하고 중심을 잡기 어려운 성격이 있다. 그러나 지배의 작동방식, 체념의 작동방식이 모호하고 일상적일수록 이러한 현상을 예견하고 주요한 작동방식을 알아차리는 것 자체가 매우 중요한 대처이고, 문제해결의 출발점이 된다.

4. 혈연, 이윤을 넘어 하늘 땅 사람 서로 살리는 관계의 힘으로

옛 마을에서는 혈연이라는 힘이 삶의 관계를 만드는 구심력이었다. 거의 모든 전통마을이 씨족마을(집성촌)인 이유다. 혈연을 중심으로

했던 마을들은 무한한 자기증식을 본질로 하는 자본의 구심력으로 인해 파괴되었다. 이제 자본이 혈연을 대체하는 삶의 새로운 구심력으로 작동한다.

무한한 자기증식 욕망, 이윤을 중심으로 맺는 관계는 더불어 사는 삶을 불가능하게 만든다. 자본이 일으키는 구심력은 모든 삶을 상품화된 교환가치와 이윤 속에서 존재하고 관계 맺게 만든다. 하늘 땅 사람, 사람과 사람, 모든 관계가 서로 살리는 생명관계가 아니라 자기증식, 더 큰 이윤을 위한 상품관계로 전락한다. 자본의 자기증식, 더 큰 이윤을 위해 관계를 만들었다가 해체시키고 또 새로운 관계를 맺게 만든다. 생명살림의 근본 관계망이었던 가족, 마을, 지구 생태계까지도 자본의 무한한 자기증식 욕망에 의해 분절 당하고 파괴된다.

생명까지도 상품화해 고갈시키는 반생명 가치질서를 거스르고, 하늘 땅 사람 온생명 서로 살리며 더불어 사는 삶을 소망한다면, 최소한 반생명문화를 만들고 일상을 지배하는 힘을 거스를 수 있는 새로운 구심력을 생성해 내는 것이 필요하다. 더불어 사는 삶을 파괴한 그 힘의 구심력에서 벗어나 새로운 구심력을 생성해 낼 때 비로소 새로운 삶과 관계가 만들어지고 보존되고 재생산된다.

반생명의 힘으로 작동하는 자본은 끊임없이 순환하며 무한증식하는 것을 본질로 하기에, 그 힘에 저항하는 최소한의 운동은 자본증식의 순환 속도를 늦추는 것이다. 소비를 줄이고 유행을 따르지 않는 것, 아껴 쓰고 나눠 쓰고 바꿔 쓰는 생활실천들은 일상을 통해 작동하는 자본증식의 순환 속도를 늦추는 실천이다.

더 적극적이고 근원적인 실천전략은 무한 자기증식으로 작동하는 힘과는 다른 힘이 작동하는 새로운 관계망을 만드는 것이다. 모든 관계를 상품화시키고 무한경쟁으로 신음하게 만드는 반생명의 힘과는 다른 구심력, 생명을 살리고 평화 일구며 더불어 사는 힘의 구심력에 뿌리내린 새로운 생명살림의 관계망을 만드는 것이다.

반생명문화를 만드는 자본의 구심력을 대체할 수 있는 새로운 구심력은 하늘 땅 사람 더불어 사는 철학과 생활양식을 담는 얼을 밝히는 것이다. 하늘 땅 사람 서로 살리는 얼을 밝히고, 더불어 사는 생활양식을 만드는 것이 새 문명을 여는 실천의 중요한 과제다.

이런 맥락에서 하늘 땅 사람 관계를 분절시키는 권력의 작동방식을 아는 것이 필요하다. 일상 삶과 사고방식, 생활양식 속에서 당연한 것처럼 작동하는 그 힘을 알아차리고 비판적으로 성찰한다. 또한 그 힘을 거스르는 새로운 삶을 생성하기 위한 이행전략과 지혜, 생활양식과 사고방식을 함께 공부하고 실천하는 것이 중요하다.

혈연의 가족주의를 넘어서고, 국가주의에 길들지 않고, 자본의 무한 자기증식 본능에 물들지 않은 새로운 세계관, 생활양식, 문화를 생성하는 것이다. 그런 삶이 다시 얼을 깨우며 되먹임(순환)하는 새로운 주체를 생성한다. 서로 돕고 나누는 일상 삶에서 축적되는 신뢰를 바탕으로 함께 공부하며 서로 비춰 주는 상호 주체성, 장 주체성을 생성하는 것이다. 새로운 삶은 새로운 생각과 생활양식을 함께 만들어 간다.

10장 | 백성의 주체역량에 뿌리내린 마을/살림생태계

1. 생명살림터 마을, 가족 마을 나라 지구로 이어지는 살림생태계

현대사회와 인류가 겪고 있는 많은 문제들은 생명이 생명답게 살 수 없는 반생명문명이 만든 필연적 결과들이다. 가족, 마을, 지구 생태계 등 생명살림의 근본 관계망이 모두 위협받고 깨진 상태에서 생명이 생명으로서 살아갈 수 없는 것은 당연한 결과다. 생명살림의 생태계를 회복하는 데 살림터인 마을을 회복하는 것은 매우 중요한 실천전략이 된다.

마을이 없으면 가족이 건강한 사회적 역할을 하기 어렵다. 가족이기주의에 빠질 위험이 더 커진다. 마을은 가족 단위에서 해결할 수 없는 문제들을 함께 해결할 수 있는 기본 관계망이다. 한편 마을이 없으면 국가주의를 극복할 수 없다. 국가체제가 지닌 강제성을 살림의 가치와 문화로 순화시킬 수 없다. 강제와 폭력에 기반한 국가체제가 아니라 생명살림을 중심으로 나라를 떠올리고 실천하기 위해서는 마을을 행정구역이 아니라 생명살림터로 경험하고 체득하는 삶이 반드시 필요하다.

사람이 나고 자라면서 지구생태계를 실제 삶에서 자연스럽게 경험하고 체득할 수 있는 곳 또한 마을이다. 마을살이가 없으면 책에서 말글(상징)을 통해 가상의 지구생태계를 배우게 된다. 마을살이는 나라와 지구생태계를 관념 속에서, 먼 곳에서 떠올리는 것이 아니라 삶의 현장에서 현실로 누리고 사는 것이다. 따라서 마을생태계는 가족에서 나라와 지구로 이어지는 살림생태계를 깨닫고 익히고 보존하는 삶을 살고 실천을 하는 데 가장 근본되는 지점이 되는 것이다.

2. 관의 정책상품화된 마을, 생기 없는 통념적 실천방식

이런 필요에서 많은 마을 운동이 이루어지는데, 크게 두 가지 운동방식으로 나타난다. 국가와 자본의 힘에 의지해 마을을 만드는 것과 민의 주체역량, 깨어 있는 백성의 조직된 힘으로 마을을 만드는 것이다. 생명살림터로서의 마을은 국가와 자본의 힘으로 만들어지지 않는다. 생명살림터인 마을을 파괴시킨 장본인이 국가와 자본이 결합한 힘이다. 혹 그 힘에 의지해 만들어지는 마을이 있다고 해도, 생명살림터로서의 마을이 될 수 없는 근원적 이유다. 그것은 관의 정책상품, 기업의 이미지 개선상품이다.

국가(관)는 정책사업으로 효과가 있으면 적극적으로 나서지만, 정치적 이해관계에 맞지 않으면 아무 미련 없이 손을 뗀다. 이런 구도에서 민관협치(민관협력)란 실제로는 국가와 자본의 힘에 길들여지는 것이다. 관이 협치할 민의 자격조건을 규정하고, 협치로 진행되는 일의 일시와 공간을 결정한다. 관에서 주는 지원금이 없으면 아무것도 할 수 없게 된다. 관의 이해관계에 따라 협치사업은 일방적으로 취소된다. 현실이 이렇다면, 아무리 좋은 말을 붙여도 이를 협력, 협치라 할 수 없다.

관의 존재방식이 그러하니, 관을 비판할 문제는 아니다. 관으로서는 나름 좋은 정책상품을 개발한 것이다. 그러나 협치에 참여하는 민이 이를 당연하게 여기고 이번에는 뭔가 다를 수 있다고 여기는 것은 관의 존재방식을 모르는 어리석음을 드러내는 것이다. 또는 이미 지원금에 길들여진 것이다. 더 위험한 것은 이러한 착각 속에서 그나마 남아 있던 민의 주체역량까지도 말라 버리게 된다는 점이다.

관건은 관과 자본을 접할 때 암암리에 솟아나는 욕망에 휘둘리지 않고, 관의 정책상품을 주체적으로 다룰 수 있는 백성의 주체역량을 키우고 견지하는 것이다. 백성의 주체역량에 뿌리내리고, 그 주체역량 안에서 관과 협력할 때라야 비로소 관에 길들지 않고 민관협력을 통해 주체역량을 키울 수 있다.

국가에 의존해 마을을 복원하고 새롭게 만들려는 노력은 곳곳에서 이루어진다. 그러나 그 필요성과 많은 노력에 비해 의미 있는 결실이 없는 것이 현실이다. 시간이 많이 필요한 일이기도 하지만, 살림생태계를 만든다는 문제설정에 담긴 사고방식과 실천전략이 근본적으로 잘못 설정되면, 아무리 시간이 지나도 의미 있는 성과가 축적될 수 없다. 새로운 삶의 생태계를 만들려는 운동이 근본적으로 마을생태계라는 새로운 가치질서에 맞지 않는 국가주의적 사고방식과 실천전략으로 이루어지고 있지 않은지 돌아보아야 한다. 국가권력(관)에 의존한 급격한 발전과 국가권력의 변화에 따른 급격한 쇠퇴라는 마을운동의 현실은 기존 운동의 성격을 정직하게 돌아보고 성찰할 수 있는 매우 중요한 계기이고, 근원적 전환을 위한 좋은 기회가 될 것이다.

어떤 운동이든 의미 있는 운동이 되기 위해서는 운동이 지향하는 철학과 그 철학에 토대한 실천전략이 일관되는 것이 중요하다. 철학은 생태를 지향하는데, 생태운동의 실천방식은 생태계를 파괴한 자본의 개발전략을 습관적으로 따를 수 있으니 이를 주의해야 한다는 것이다. 더불어 사는 삶의 철학을 내세우면서 실천전략은 더불어 사는 삶을 파괴한 국가체제의 작동방식을 습관적으로 따를 수 있다.

기존 삶과는 다른 삶을 지향하는 가치와 철학을 기존 삶을 지탱하는 통념을 따르는 방식으로 실천하려는 것이다. 이런 현상은 지향하는 관념과 철학을 일상의 삶에서 검증하고 체험할 수 있는 살림터가 없으면 더욱 심화된다. 관념과 철학이 삶에서 괴리되면 실천전략에 있는 문제를 검증할 토대와 힘을 잃게 된다. 그러면 새로운 관념이 지닌 끌어당기는 힘이 운동 과정을 버텨 낼 수 없다. 이런 과정에서 쉽게 기존 삶의 통념과 습관적 사유에 의해 실천전략이 만들어지는 것이다. 새로운 삶을 담은 가치와 철학에 적합하고 일관된 실천전략을 생성하지 못하면, 일이 잘되어도 결국 통념적 실천방식을 따라 기존 삶의 힘에 사로잡히게 된다. 일이 잘되지 못하면 그나마 새로운 가치와 철학에 담겨 있던 생기까지 잃게 된다.

3. 백성의 주체역량, 깨어 있는 백성의 조직된 힘

백성의 주체역량으로 마을을 만드는 것은 '깨어 있는 백성의 조직된 힘'으로 새로운 삶과 삶터를 만드는 것이다. '깨어 있는 백성의 조직된 힘이 민주주의의 최후 보루다'라고 했다. 어떤 주제, 어떤 곳에서든, 백성이 주인되는 세상을 꿈꾸는 정치사회적 실천에 있어 공통적인 실천전략이다.

그러나 이를 실행할 때 흔히 놓치고 가볍게 여기는 것이 있다. '어떻게 깨어날 것인가. 어떻게 깨어 있음을 지속할 것인가' 하는 것이다. 깨어 있음을 지속시키는 새로운 힘을 생성하지 못하면, 다른 힘에 의해 조직화된다. 관념적 이상이나 세속적인 이해관계, 기존체제를 작동시키는 힘에 따라 조직되는 것이다. 새로운 삶을 위해 열심히 달렸는데, 기존과 다를 바 없는 조직관계 속에서 생명력이 소진되는 현실을 반복하게 된다. 새로운 삶을 생성하는 주체역량을 조직하기 위해 '어떻게 깨어 있음을 지속할 것인가' 하는 과제를 정직하게 주목해야 한다.

이는 행정상품화된 마을활동가 교육, 주민교육 같은 것으로 되는 게 아니다. 이러한 방법은 오히려 다질적이고 역동적인 백성(생명)을 규격화된 관의 언어와 시공간, 문화에 길들이는 결과를 낳을 위험이 더 커진다. 마을살이는 정책상품이나 관념이 아니라 생명현상이기 때문이다. 관념이나 정책이 생명을 낳는 것이 아니다. 생명이 생명을 낳는다. 마을살이라는 생명력이 흘러넘쳐 새로운 생명인 마을살이를 낳는 것이 생명이 작동하는 길이다.

'어떻게 깨어날 것인가'와 '어떻게 깨어 있음을 지속할 것인가' 하는 것은 다른 성격의 과제다. 한때 깨어나서 시작한 걸음이 일관된 삶과 실천을 보장하는 것이 아니다. 길을 잃어 방황하기도 하고, 유혹과 저항에 흔들리기도 하고, 다른 삶의 과제들이 밀려와 몸과 마음이 약해지고 지치기도 한다. 결국 이런 모든 실제적인 문제들은 '어떻게 깨어 있음을 지속할 것인가' 하는 문제로 수렴된다.

깨어나는 것은 공부를 통해, 실천을 통해, 매우 다양한 계기로, 심지어 우연한 사건을 통해서도 일어날 수 있다. 그러나 깨어 있음을 지속하기 위해서는 주체의 자각과 일상 수련으로서 공부와 수행이 중요해진다. 공부와 수행, 실천을 함께하며 서로 돕고 비춰 주는 관계, 새 길을 함께 걷는 길벗(동지)이 필요하다. 깨어 있음을 지속하는 것은 자기성찰뿐 아니라 서로 비추고 돕고 지켜 줄 수 있는 관계 속에서 가능하기 때문이다. 결국 깨어 있음을 지속하는 과정은 그런 관계를 만드는 과정이 된다. 서로 길벗(동지)으로 세워져 함께 주체가 되는 과정이다. 깨어 있음을 지속하는 과정이 곧 깨어 있는 백성이 조직화되는 과정인 것이다.

    더불어 사는 삶의 가치와 철학, 생활양식을 함께 공부하고, 서로 돕고 살리는 일상의 삶에서 축적되는 신뢰와 지혜를 통해 깨어있음을 지속할 수 있다. 공부와 실천, 수행하는 일상의 삶과 사회적 실천이 하나되는 삶이다. 생명과 생명의 상호작용, 생명력을 고양하는 과정이 생명으로서 사회적 실천을 수행하는 길이다.

사랑, 이로움(利), 평화를 하나로 이은 겸애(兼愛)를 실천하며 더불어 사는 삶을 통해 천하에 남이 없는 세상(천하무인 天下無人)을 실천한 묵자의 평화운동은 이를 매우 잘 보여 주는 본보기다. 세상 권세와 제국평화에 갇혀 노예 된 삶에서 총체적 해방과 구원을 선포하고 철저한 사랑으로 하나님 평화를 실천한 예수운동도 이러한 실천 과정의 특징을 잘 보여 준다. 맹자는 인성의 고양(인仁)과 사회적 실천(의義)을 일치시키고 대자연의 기운과 잇는(호연지기 浩然之氣) 것으로써 백성(民)이 본이 되는 세상을 꿈꾸었다. 비록 대안적 삶의 실천으로 이어지지는 못했지만, 동일한 맥락에서 제시된 가르침이다. 동학운동은 마음을 지켜 기운을 바르게 하는 수행(수심정기 守心正氣) 과정을 통해 길벗들이 조직되고, 당면한 사회적 실천(제폭구민 除暴救民, 보국안민 輔國安民)을 함께 수행했다. 이를 통해 문명의 다시 개벽을 선언하고 함께 실천했다.

    이들의 삶과 운동은 모두 깨어 있음을 지속시키는 생명력의 고양(공부와 수행), 이 과정에서 이루어지는 백성의 조직화, 사회문화적 실천이 결국 함께 이루어지는 길임을 잘 보여 준다. 깨어 있음을 지속하는 과정이 곧 깨어 있는 백성이 조직화되는 과정이며, 주체의 생명력을 고양하고 조직화하는 과정 자체가 사회적 실천의 길이다. 결국 깨어 있는 백성의 조직된 힘인 백성의 주체역량을 고양하는 과정을 통해 정신개벽과 물질개벽이 상호추동하며 흘러가는 문명전환의 새로운 물결이 일어난다.

4. 자치 자족 자립하는 마을들의 자율적 연대, 마을/살림생태계

백성의 주체역량은 자치 자족 자립하는 힘으로 드러난다. 자치는 더불어 사는 삶터를 일구는 사람들이 주체되어 스스로 다스리는 것이다. 자족은 무한 자기증식으로 작동하는 반생명의 힘이 만드는 조장된 불안과 조작된 욕망을 알아차리고, 그것에 물들지 않게 서로 비춰 주며, 서로 살리는 새로운 욕망을 생성하는 삶이다. 자립은 필요한 일을 외부의 힘에 의존하지 않고 스스로 해낼 수 있는 물리적(경제적) 힘을 기르는 것이다. 하늘 땅에서 분절된 사람은 마음으로나 몸으로나 자치 자족 자립을 이룰 수 없다. 하늘 땅 사람이 서로 살리며 더불어 사는 삶에 토대할 때 가능하다.

마을살이는 온생명 더불어 사는 평화살이를 구현하는 길이며, 지구공동체를 돌보고 살리는 실천이다. 지구는 다른 어딘가에 있는 것이 아니라, 우리가 발 딛고 생명을 살리는 이곳, 이 일상의 살림터가 곧 지구다. 살림문명은 이 땅 곳곳의 살림터가 이어진 마을생태계를 통해 구현된다. 자치 자족 자립하는 마을들의 자율적 연대인 마을생태계가 살림문명을 일구는 살림생태계이며, 이러한 살림생태계 자체가 바로 나라이고 지구다.

'백성이 곧 나라다'라는 말은 과도한 인위와 강제를 전제한 국가체제라는 이해 속에서는 실상 없는 헛된 말이 되거나 권력 욕망을 감추는 장식품으로 사용될 뿐이다. 과도한 인위와 강제를 본질로 하는 현존 국가체제를 넘어설 수 있는 새로운 세계관이 필요하다. 더불어 사는 살림터를 뜻했던 나라의 본래 의미와 가치를 회복하는 게 중요하다. 이는 오래전부터 나라를 뜻하는 말로 사용되었던 말인 방(邦)이 지닌 의미이기도 하다. 나라를 작게 하고 백성을 적게 하라(소국과민 小國寡民, 도덕경)는 도덕경의 가르침은 바로 이런 맥락에서 한 말이다. 더불어 사는 백성의 삶터, 생명살림을 구현하는 자치 자족 자립하는 마을들의 자율적 연대가 곧 나라인 것이다.

도가와 묵가는 국가체제 자체에 대한 새로운 성찰과 전략을 중요한 실천전략으로 제시했다. 소국과민(小國寡民)은 인위(人爲)와 강제, 이기심의 총화인 국가체제 자체에 대한 새로운 사고다. 함께 밥을 나누어 먹는 것을 형상한 마을(향鄕), 함께 일구는 삶터(밭)를 형상한 나라(방邦)의 가치를 중심으로 국가에 대한 생각을 재구성하는 것이다. 먹고 입고 자고 놀고 일하는 일상의 단순 소박한 삶, 이에 뿌리내리고 만들어지는 자치 자족 자립하는 사회 생태적 관계망인 생명살림터(마을)가 도덕경이 제시하는 나라의 모습이다. 묵가는 단순소박하게 더불어 살며 겸애(兼愛)를 실천하고, 공격전쟁을 막기 위해 자기를 버려 평화를 지키는 실천에 뛰어들었다. 도덕경의 하늘 땅 사람, 도와 덕, 있음과 없음에 대한 거대한 논의는 언어의 한계와 힘을 동시에 사유하는 상보성으로 시작하고(도가도 비상도 명가명 비상명 道可道 非常道 名可名 非常名, 도덕경), 하늘 땅 사람 서로 살리는 단순 소박한 삶과 소국과민, 이를 통한 평화라는 구체적 실천전략으로 갈무리된다.[28]

지구공동체 평화는 마을들의 자율적 연대로 생성되는 살림생태계를 통해 곱게 물들어 간다. 살림살이를 뿌리로, 하늘땅살이를 수액으로, 마을/두레살이를 줄기로, 다양한 살림문화들을 가지로, 평화의 열매를 맺으며 한몸되어 산다.

---

[28] 도덕경이 제시하는 위대한 관념들을 중시하면서, 도덕경의 명확한 사회적 실천전략인 '소국과민'을 주목하지 않는 것은 도덕경을 관념으로 즐기는 것이다. 하늘 땅 사람 서로 살리는 단순 소박한 삶과 소국과민이라는 구체적인 실천전략을 비현실적이고 시대에 뒤떨어진 이야기라고 외면하면서 무위와 도법자연을 말하는 것은 삶과 괴리된 관념의 허약함을 드러내는 것이다. 관념을 삶 속에서 이해하고 실천하는 것이 그만큼 어려운 일이지만, 도덕경의 가르침을 주목한다면 결코 피해 갈 수 없는 길이다.

11장 | 살림문명 일구는 살림꾼들의 신명잔치

1. 지속가능한 삶과 실천, 분과적 실천을 넘어 살림생태계로

한 생명이 나고 돌보고 자라고 죽고 다시 사는 삶의 순환이 일어나는 기본 관계망을 생태계라 한다. 모든 생명은 그 생명이 살아갈 생태계가 필요하다. 생태계가 없는 생명은 지속가능한 삶을 살 수 없다. 생명력 있는 삶은 다양하고 역동적인 생태계 속에서 태어나, 그 생태계의 힘에 뿌리내리고 살면서도 주어진 생태계를 새롭게 한다. 생명도 생태계도 고정된 것이 아니라 지속적인 상호 생성변화를 일으킨다.

자본생태계에서는 지식 자체가 자본과 권력에 의해 생산 유통 재생산되고 권위를 부여받는다. 자본생태계에서 벗어나 새로운 지식생태계를 만들려는 실천을 여러 곳에서 시도하지만, 지속가능성이라는 생태계의 기본 토대를 만드는 데 어려움을 겪는다. 지식생태계를 지식/학문 운동 영역에서 분과적으로 사고하고 실천하기 때문이다. 생태계는 통전성과 지속가능성을 기본 성격으로 한다.

자본생태계를 거스르는 새로운 지식생태계는 삶의 통전성을 구현하는 마을생태계, 살림생태계를 만드는 것과 함께 실천되어야 지속가능하다. 정신적 가치와 이를 지탱하는 물적 토대(경제적 역량)를 함께 사유하며 실제적인 대안을 만들고자 할 때 마을생태계, 살림생태계는 가장 근원되는 토대가 된다.

죽임의 문명을 거부하고 새로운 살림문명을 지향하면서, 일상의 삶과 생활문화, 살림터를 기존체제의 생태계 속에 두는 것은 게으른 것이거나, 지향하는 가치에 철저하지 못한 것이다. 삶과 관념이 괴리되는 전형적인 모습이다. 새로운 삶을 지향하는 관념과 운동 자체가 상품으로 전락하거나 지속불가능하게 되는 이유는 결국 그 관념과 운동을 생성 보존 재생산하는 새로운 생태계를 만들지 못하기 때문이다.

새 삶은 새로운 생태계가 필요하다. 새 술은 새 부대에 담는 법이다. 새로운 운동, 대안운동은 그 운동이 살아갈 수 있는 새로운 생태계가 필요하다. 그렇지 않으면 그 운동은 분과적 실천에 머무르거나 지속불가능한 것이 된다. 변화의 물꼬는 특정 영역의 분과적 실천으로 시작되지만, 삶의 통전성을 담보하는 살림생태계를 만드는 길로 이어져야 지속가능하다.

국가와 자본에 의해 틀 지어지고, 그것에 복무하는 인적자원 양성을 목적으로 하는 교육은 국가와 자본의 생태계 속에 있는 것이다. 이와 다른 교육철학에 기반한 교육은 그 운동이 살아갈 새로운 생태계가 필요하다. 대안의 가치를 생성 보존 재생산하고, 그 가치에 기반한 삶이 지속가능하게 이루어질 수 있는 살림교육생태계,

살림생태계다. 이는 교육이라는 분과적 실천에 머무르지 않고 삶의 다양한 영역으로 이어진다. 부모 교사 학생이 함께 동지되어 새로운 살림생태계를 만드는 실천이다.

교육뿐 아니라 먹을거리, 건축, 환경, 복지, 문화, 정치, 인권 등 모든 분과적 실천과 대안운동 또한 삶의 통전성을 담보할 수 있는 살림생태계를 만드는 길로 이어진다. 반생명문화가 지배하는 세상에서 생명살림의 가치질서를 구현하는 마을생태계를 만드는 것은 개별 마을의 실천으로 가능한 것이 아니다. 마을들이 서로 돕고 살리는 관계의 힘을 통해 마을생태계, 살림생태계가 생성된다.

2. 살림꾼들의 놀이터, 살림학연구소

살림학은 자치 자족 자립하는 마을(살림터)을 일구고, 마을들이 자율적으로 서로 곱게 어우러져 생명살림과 평화를 증언하는 살림생태계, 살림문명을 일구는 운동이다. 하늘 땅 곳곳에서 일어나는 생명살림과 평화 일구는 삶을 서로 잇고 돕고 어우러지도록 하여, 살림길 평화살이를 실천하고 재생산하는 지속가능한 생태계를 일구는 운동이다.

살림학연구소에서는 연구원을 살림꾼이라 부른다. '꾼'이라는 말이 붙으면 대부분 부정적인 의미로 쓰이지만, 유독 살림꾼은 생명살림의 주체를 표현하는 매우 중요한 의미를 담은 말로 쓰인다.

살림학연구소는 생명살림과 평화 일구는 삶을 살고 연구하는 살림꾼들의 놀이터다.

사람이 살림하는 삶터, 그 자체가 놀이터다. 삶터는 특정한 사회적 관계가 만들어지고 변화하는 생활세계다. 말글은 삶터의 다양한 생활문화와 영향을 주고받으며 서로 변화를 일으키는 놀이를 한다. 생활세계의 문화와 말글의 놀이에서 사회적 주체가 생성되고, 그렇게 생성된 주체는 또한 자기를 낳은 생활세계와 말글을 새롭게 변화시키는 놀이를 한다. 말글과 생활문화, 사회적 주체가 서로 되먹임(순환)하며 생성변화하는 놀이다. 이 과정에서 특정한 삶터의 고유한 말글, 생활문화, 주체양식이 만들어진다. 삶을 연구한다는 것은 책상과 책, 말글이라는 좁은 우물에서 나와, 말글과 생활문화, 사회적 주체가 어우러진 살림터에서 함께 노는 것이다. 삶과 연구는 서로를 추동하는 놀이를 하며 생기를 일으킨다.

3. 살림길 평화살이하는 대동세상에서 벌이는 신명잔치

살림학은 생명살림과 평화 일구는 삶을 살고 연구하는 살림꾼들이 다양한 살림터에서 벌이는 일상의 놀이, 일상잔치다. 일상잔치는 여러 살림터의 살림꾼들과 만나 더 넓은 마당에서 난장을 벌이는 한마당잔치로 이어진다. 서로 다른 생명들이 한몸되고 한 악기 되어 수많은 변주를 한다. 여러 가락과 장단, 서로 다른 음률이 자유롭게 넘나들고, 때로는 고요하게 때로는 휘몰아치는 살림길 산조가 된다. 서로 다른 질과 소리를 지닌 사물들이 약동하며 어우러져 한 소리를 만들고, 신명(神明)의 바람(풍류風流)을 일으키는 풍물잔치가 된다. 원통함을 풀고(해원解冤), 아픔을 낳게 하고(치유治癒), 서로 살리는(상생相生) 삶을 만든다.

    생명을 살리고 평화 일구는 새로운 삶과 문명은 지난 삶과 문명에서 생긴 원통함을 푸는 것으로 시작된다. 그 과정에서 치유와 회복이 일어나고, 신명의 바람이 더불어 사는 힘으로 불어온다. 신명나는 삶이란 원통함을 풀고, 아픔을 낳게 하고, 생기를 일으켜, 더불어 살리는 평화로 물들이는 것이다. 이것이 풍류도(風流道)다. 살림학은 살림길 평화살이하는 대동세상에서 벌이는 신명잔치다.

지구 곳곳에서 함께하는 살림생태계 — 얼라평화순례

신명의 바람 일으키는 대동세상 한마당잔치 ─── 살림학연구소

살림학 얼과 길
하늘 땅 사람 더불어 사는 살림길 평화살이

초판 1쇄 발행 2024년 9월 1일

지은이 | 철호
글가꿈 | 성혜
멋지음 | 주현

펴낸곳 | 밝은봄
주소 | 서울특별시 강북구 인수봉로51길 13-3
누리편지 | bright_bom@hanmail.net
누리집 | blog.naver.com/bright_bom
등록번호 | 제 2020-000022호

ⓒ 철호, 2024

- 책값은 뒤표지에 있습니다. 잘못된 책은 바꾸어 드립니다.
- 표지는 사탕수수지 295g/m², 본문은 그린라이트 100g/m²을 사용했고, 콩기름 잉크로 인쇄했습니다.

ISBN 979-11-971650-1-6 (03100)